本书由中国科学院成都山地灾害与环境研究所资助出版

石山 著

ZHONGGUO SHANQU KAIFA YU JIANSHE

中国山区开发与建设

中国林业出版社

图书在版编目（CIP）数据

中国山区开发与建设 / 石山 著. -- 北京 : 中国林
业出版社, 2011.9
ISBN 978-7-5038-6323-3

Ⅰ. ①中… Ⅱ. ①石… Ⅲ. ①山区开发－研究－中国
②山区建设－研究－中国 Ⅳ. ①F323

中国版本图书馆CIP数据核字(2011)第186751号

策　　划　邵权熙　李　惟
责任编辑　于界芬　李　惟

出　版　中国林业出版社（100009
北京西城区德内大街刘海胡同7号）
网　址　lycb.forestry.gov.cn
电　话　(010) 83224477
发　行　中国林业出版社
印　刷　中科印刷有限公司
版　次　2011年10月第1版
印　次　2011年10月第1次
开　本　787×1092　1/16
印　张　14
字　数　188千字
定　价　58.00元

山区建设歌

山萬重兮数不清
山山皆可生金银
木草產業財源广
老少边山不应貧

石山 二〇〇七年岁暮

再谈重新认识山区

（2010年8月24日）

一、一份令人震惊的地质灾害大账单

甘肃舟曲特大泥石流灾害之后，中国地质科学院、地质环境监测院专家发出警告："截至2009年全国共发现地质灾害隐患点20万处，威胁数千万人民群众的生命和1200多亿元财产安全，其中特大型和大型地质灾害隐患点1.6万处，威胁人口700万，威胁财产安全840亿。"也就是说我国至少还有1.6万个与舟曲类似的地质灾害隐患点。

这个地质灾害大账单实在令人震惊。

而这还仅仅是指地质灾害。2010年我国旱灾、涝灾、洪灾、飓风、赤潮蓝藻、草原鼠害……发生之频、来势之猛、程度之剧、范围之广同样令人震惊。人们已经大声发问：我们的国土到底怎么了？我们的生存环境到底怎么了？为什么"千年不遇"的大灾都赶在一起接二连三的出现？

我们的生存环境已经十分严峻，那种没水时抗旱、水大时抗洪、遇灾救灾，修修补补、被动应付的做法已经无法应对。必须找到生态环境恶化、灾害频发的原因，从源头上解决。

原因何在呢？

二、我国山区遭到了严重破坏

60 年来，我国山区被砍了五刀：

第一刀，毁林开荒。从新中国成立到 20 世纪 90 年代末，为解决粮食问题，除了经营原有耕地之外，我们又采取了毁林开荒、毁草原开荒、围湖造田等等办法。到目前为止，全国 25 度以上的坡耕地达 9100 多万亩*，造成了严重的水土流失。由于长江、黄河上中游的毁林开荒，每年输入长江、黄河的泥沙量达 20 亿吨，其中 2/3 来自坡耕地。

到 20 世纪 90 年代末，全国水土流失面积已达到 356 万平方千米，全国荒漠化土地总面积达 263.62 万平方千米，占国土面积 1/3（2008 年），西南 8 省市石漠化土地总面积为 12.96 万平方千米（2005 年）。50 年代前期，贵州的森林覆盖率约 45%左右，50 年的毁林开荒和毁灭性砍伐，全省森林覆盖率降到 12.6%。50 年代，贵州全省的水土流失面积为 2.5 万平方千米，1995 年高达 7.67 万平方千米，占全省总面积的 43.5%，而目前已经接近 50%。石漠化的土地面积以每年 933 平方千米的速度扩张。照此速度退化，50 年后，贵州将无地可耕！水土流失已经成为我国生态环境恶化的主要特征，成为山区人民难以脱贫的根源，“越穷越垦，越垦越穷”，目前全国农村贫困人口 90%以上都生活在生态环境恶劣的水土流失地区。

尽管 1998 年长江大洪水后，我们实行了天保工程，退耕还林、退耕还草工程，但是由于缺乏帮助群众脱贫的具体办法，毁林开荒至今杜而不绝，全国水土流失、荒漠化、石漠化面积有增无减。

第二刀，超量砍伐木材。林业向山区要大木头，每年采伐量

---

* 1亩＝1/15公顷。

过大，到20世纪90年代，林业部门就提出了两危问题：即资源危机，没树砍了；经济危困，没钱发工资。更错误的是，采取了“皆伐”这种破坏性极大的采伐方式，而没有采纳专家建议的“择伐”方式。结果是林区一个个消失，林区县变成了贫困县。甘南迭部县就是一个因树被伐进而从富饶美丽的林区沦为贫困县的典型。

同处甘南地区的舟曲，它曾水草丰茂、山林葱翠，被称为陇上小江南。20世纪50年代到90年代，舟曲累计采伐森林189.75万亩，全县森林每年以10万立方米的速度减少，失去植被的山体，水源涵养能力下降，水土难固。20年前，舟曲白龙江上就发生了一次前所未有的山体塌方，形成了世界第一大泄流坡。如今，当舟曲为国家贡献了上百亿立方的木材之后，自己却招致了灭顶之灾。皆伐，实际上使一个林区一个林区的整体破坏，一个县一个县地陷入困境。

第三刀，大量修建水库。到2006年年底，全国修建了大大小小85874座水库。仅对3000多座大中水库的统计，就有水库移民2200万，虽然我们没有全部水库移民数字，但仅这2200万移民的妥善安排至今都是难题，就知道要安排好全部水库移民有多困难。山区老百姓对于修建水库的直接感觉是：水归下游用了，电归城市用了，养鱼归水库了，用水要花钱了。失去了山地、房屋、家园的山区老百姓什么也没得到。

这些水库对于山区生态和山区人民的影响是多重的。

全国大大小小8万多座水库（其中病险水库约3.7万座，约占水库总数的42.5%，1954年到2005年共溃坝3495座，造成的死亡人数，超过自然洪水），挤在山区，壅高水位，极易引起山坡滑坡和泥石流，而回填山沟的土石方，又为滑坡和泥石流提供了充分的松散物质材料。

这次舟曲的特大泥石流，白龙江的梯级开发和白龙江的渠道化是主要原因之一。舟曲县不过13万人口，但是为配合白龙江的梯级开发，舟曲境内不到17千米的河上，水电开发项目多达四十余个，已建成15座水电站，还有14座水电站在建。就是说，不到17千米的河上，要建近50座水坝！

过度的水库建设也直接毁坏了我国生态系统。

已是耄耋之年的水利专家钱正瑛坦承："进入上世纪90年代，黄河开始断流，引起了国人的关注和焦虑。我也在思考……我们多年来一直强调治河、用水，没想到居然使黄河水断流了。后来问题越来越严重了，塔里木河、黑河等内陆河流也出现了断流。我逐渐认识到过去的水利工作存在着一个问题：粗放管理，过度开发。"

我国目前没有一条河流上没有水库大坝。仅长江流域，2001年年底就已建成4.57万座水库，已建和在建的水电站达2441座。专家指出：河流开发，即河流上所有水库的库容量总和与河流量的比例，国际上公认不要超过15%，而我们实际上已经超过了100%，河流开发得越高，河流干得越快。

在山区修水库水坝、对河流过度开发，已经破坏了流域的生态系统、水生生物多样性、河流的自净功能、洪水形成和入海的自然过程。对山区和全国的生态环境造成了灾难性的后果。

第四刀，不顾环境后果的开矿。在山区（包括草原）开矿已是遍地开花，由于一直没有生态补偿法律约束，开矿对生态的破坏肆无忌惮，直接毁坏大面积的植被、破坏山体结构，掘尽矿藏之后，给山区留下个烂摊子。

今年7月河南栾川暴雨引发山洪，栾川县启源矿业有限公司干江沟尾矿坝在大雨中崩坝，大量的尾矿砂和巨石滚滚而下，山下几百亩良田、上百户民居被毁，数人死亡，洪水挟带大量尾砂和巨石，冲入伊河，伊河水位暴涨，形成洪灾的二次冲击，导致下游数十人死亡。这样的尾矿坝，在栾川大大小小共有197座，大都集中在栾川的上游山区。

而这绝不是个别事例。呼伦贝尔草原的宝日希勒镇，为了保护草原，所辖草原已经禁牧多年，但是没有过度放牧的草原却难逃工业开采的破坏。宝日希勒镇现有6家煤矿企业，每年超过2000万吨的开采量，另有一家已经完工的化肥厂和一家即将完工的电厂，这些都是高污染企业。现在呼伦贝尔草原以每年2%的速度退化，而草原发展的速度每年只有0.2%。长此以往，呼伦贝尔草原将可能会变成“呼伦贝尔荒漠”。

在西藏高原开矿直接毁坏了我国的，也是亚洲的保命水塔，高寒山区，植被生长极为缓慢，采矿造成的毁坏，根本无法修复，祸害所及，难以数计！

第五刀，大树进城。这一条是休宁县县委书记加的。2007年我到安徽休宁，休宁地处山区，是省级贫困县。和县里干部聊起山区建设，我讲了上面4条，县委书记当即补充：我再加上一条：大树进城。这条加的好，虽然它对山区生态的伤害程度可能不及前4条，但却使人看到，城市太不把山区当回事了，完全不懂山区的分量。不应忘记，许多城市的水源地都在山区，饮水为什么不思源呢？！

三、必须重新认识山区

其一，山区是中华民族的生存保障。

60年，5刀，我国山区已经千疮百孔，国家级省级贫困县80%在山区，约占山区县的一半，这些县百姓穷、县财政穷、环境穷，患了贫困综合症。

破坏了山区，也就毁坏了我国的生态系统，今年全国从南到北的大旱大涝就是这60年破坏山区的恶果。

西南是我国水资源丰富的地区，原来的生态环境也很好，今年却旱到令全世界震惊，为什么？其他原因不讲，看看航拍图片，那里一片红土，山光秃秃的，别说树，草都少见，哪有水？自己的“山穷”了，没水了，上游呢？专家说，今年上游下来的水量比平时少了25%～30%，因为冰川后退、草场退化、湿地和湖泊的消失。源头和冰川之间成了荒漠，上面有点雪融化水下来，一到荒漠里就蒸发了，三江源头草原荒漠化，水少了。专家断言：今年西南旱灾的关键就在于对西藏生态环境的破坏！“山穷”的结果是“水尽”，“水尽”的结果敢想吗？保命水塔水量锐减，而全国的地表水80%被污染，我们在靠地下水维持，全国已形成地下漏斗区100多个，面积达20万平方千米，浅层水不够用，已经用到深层地下水，那些水可能几百年都补不回去……。之后呢，我们还有水用吗？！

不仅如此，到了洪水期，冰川大量水下来时，就能够经过荒漠直接进入长江源头，接下来就是洪水。而我们在山区过度修建水库，在下游强占河道，终于饱受泥石流、旱涝、洪水之苦。

山穷水尽，讲的就是当我们毁掉了占国土面积70%的山区，我们就会直接承受水资源枯竭、旱涝灾害不断的生态浩劫。

山区是中华民族的生存保障，建设好山区，其意义怎么讲都不过分！过去60年，我们亏待山区、错待山区，就是因为我们没有这个认识。

其二，山区是一个极其复杂的大系统。

山区是一个极其复杂的大系统，有其独特的运行规律、各种植物的生长规律。我国大大小小几十个山系又各成系统，各有各的特点。

这是建设山区必须有的两点基本认识。

直到现在，国家还没有一个部门统筹管理山区，也没有一个全国性综合性的山区研究机构，而山区建设已经如此地刻不容缓。为了应急，是否可以这样做：先把分散在各地各部门了解山区问题的研究人员、实际工作人员集中起来，认真开几次会，把资料和意见集中起来，为进一步研究创造条件。并以这些人员为基础，先建立一个全国性山区研究机构，有计划开展调查研究工作，特别是总结各地创造的典型和经验，为开展山区建设打好基础。有山区的省区市也应同时进行有关工作。

国家尽快成立一个山区管理机构，把山区建设工作认真抓起来。

四、建设山区必须以县为单位

郡县治，天下安。这是我国的成功经验，决不能丢。上面千头万绪、下面种种矛盾都要在县一级具体落实、具体解决。特别是山区建设内容更为复杂。

讲到县域经济建设，我国的经验是十分丰富的。我们的生态农业县曾达200多个，有许多县提供了成功经验。

他们的经验是：

（一）用系统工程方法制定一个科学的综合发展规划，把治山、富民、富县集合起来，融为一体，保证富山、富民、富县同时实现。

（二）一届接着一届干，一张蓝图绘到底。10年左右一个贫困县就能改变面貌，进入良性循环。

（三）加强县一级权力，把县级各部门的人财物力集中使用，分工合作，有步骤地把全县的山山水水治理好，并生产财富。

（四）上级领导支持县这样做。财力、物力支持保证及时。

这几条哪一条都不能少，都要到位。为此，现行的一些做法，如一届政府一本经，各干各，又没有规划，县的权力太小，各部门各干各……必须改变。

我们在这里偏重讲了山区，草原问题同样严重，60年来我们对草原的破坏已使草原失去自我修复能力，重建草原同样迫在眉睫，刻不容缓。我国100亿亩的农业用地，山区、牧区占了80亿亩，山区、牧区、农区，三足鼎立，相互依持，共生共存，这是我国国土天然形成的大格局。60年时间，我们把山区破坏了，把草原破坏了，三足已失其二，仅剩一足，怎么能支撑我国农业，支持国家建设！更何况，失去山区、草原护卫的农区，随着水资源枯竭和耕地过度利用，也只能一步步变为荒漠。

这一切不是耸人听闻，它正在我们眼皮底下一点点发生，希望那份令人震惊的地质灾害大账单、希望2010年这些“千年不遇”的大旱、大涝、大洪水、泥石流、崩坝、地陷、天坑……能使我们，特别是各级领导警醒，下大决心建设我们的山区、草原，重新建设三足鼎立局面，挽狂澜于将倒。亡羊补牢，尚未晚也。幸甚。

（本文由石山口述，石小玉执笔）

中国山区开发与建设

目 录

再谈重新认识山区

在涪陵地、市级机关干部会上的讲话

我们这次武陵山区的考察分为两个组，一个组到鄂西和涪陵地区，一个组到贵州和湘西。两个组准备到宜昌去碰头，关于各地提的意见和要求，我们准备整理出来向上面汇报。本来没有什么可讲的，但地委的同志一再邀请，我就讲几点意见。今天我讲的只是个人意见，很不成熟，仅供参考。

关于解决贫困山区的问题，党中央和各级领导都把这件事提到议事日程上来了，而且采取了一些措施，解决一些紧迫的问题，各部门各方面也在考虑怎么支援贫困山区的问题。今天讲五个问题。

一、山区建设在我国四化建设中的位置

1. 我国是一个多山的国家，山区面积占70%。这部分地区不建设好，不仅农业不能稳定和发展，整个四化建设也不能顺利地进行，而且我们将陷于水旱灾害频繁这么一种严重的局面。日本有一条经验，叫做“治国在于治山”，还有个说法叫做“能治山者才能治国”。前几年总书记视察河北时就提出这个论点，说“河北要翻身，要靠太行山，太行山不改变面貌，

你河北就富不了。所谓太行山改变面貌，就是‘黄容’变‘绿容’。”就地理状况看，河北是一望无际的华北大平原，只有少部分是山，而平原地区的富裕尚且要靠山，因此，对全国来讲，对南方地区七山一水二分田或者八山一水一分田的地方，恐怕这个问题更是如此。这就是说，日本的论断和总书记关于河北的论断，都是从不同的角度，在不同的时期，得出了一个共同的结论，叫做“治国在于治山”。

2. 许多科学家讲，我国南方山区是全世界的一块“宝地”。这个地区资源丰富，雨量充足，气候温和，而且雨热同期，物产繁多。既是“宝地”就应该成为富饶美丽的地区。如何保护和发挥这块“宝地”的作用，是我们的一项重大任务。这块“宝地”，我们不能丢，更不能破坏，而目前破坏得很厉害，这是一个非常严重的问题。

3. 新中国成立以来，我国南方大部分山区受到很大的破坏，森林覆盖率急剧减少，水土流失面积不断扩大，流失程度也日益严重。有个资料说，长江的水土流失程度跟 50 年代比增大了一倍，致使山区的资源日趋减少，大江大河和湖泊受到严重的威胁，泥沙淤积严重，汛期不断出现险情，造成重大灾害的事情不断发生。前几年四川大水，损失很大，去年东北又是大水，这都与山区被破坏关系极大。我们这次也领略了郁江、乌江、龙河雨后涨水，河水由清江变成红水河的可怕景象。古代诗人苏东坡在《赤壁怀古》这首词中写长江是“惊涛拍岸，卷起千堆雪”，我们看到龙河涨水后的景象也是惊涛拍岸，不过卷起的不是“千堆雪”，而是“黄的”或“红的”的东西,这就很严重了。这正如有个外国人讲的,河里流的是中华民族的“血液”，如果是暴涨，景象就更加可怕了。总之，我们山区遭受破坏的情况再也不能继续下去了，必须认真加以解决。

4. 全国 14 片贫困落后地区都是山区，而秦岭淮河以南的南方占 9 片，以北占 5 片，64.3% 的贫困落后地区在南方；从县数看，南方贫困县占 81.4%(江西和福建等老区未算在 14 片之内)。说明南方的山区又是“宝地”，又是穷地方。这个情况已引起了人们的极大关注，这种现象再也不能继续下去了！

5. 在1983年，中央1号文件提出“三大前提”以后，山区建设就更为重要了。因为它是在全国范围内，涉及后“两大前提”能不能落实的问题。所谓“三大前提”就是：严格控制人口增长，合理利用自然资源，坚决保持良好的生态环境。我们要在这“三大前提”下，进行农业生产，进行农村改革和农村的各项建设。这是一个新的思想，新的战略决策。这“三大前提”就农业本身来讲，要从过去的恶性循环转变到良性循环；从人和自然的关系来讲，这“三大前提”把人和自然的关系提高到了一个新的新阶段，这就是把自然界视为异己的力量，从而不断地去征服它。“向地球开战”的阶段，转变到人和自然界是一个协调的整体，要求协调发展。人是在生物圈里生存，你把生物圈搞垮了，人类也垮了。从这个意义上讲，“三大前提”提出了人和自然界从对立转向一致的新思想。所以这是一个非常重要的理论。如果山区建设不好，还在那里继续破坏，全国70%的地区受到破坏，那就谈不上合理利用自然资源和保持良好的生态环境，这后“两大前提”就会落空。所以山区建设是保证“三大前提”中后“两大前提”能否落实的大问题。

对于后“两大前提”，我们各级重视不够，报纸宣传得很少。对控制人口增长，各级都有指标，有硬任务。对怎么合理利用自然资源，怎么保持良好的生态环境，却没有一个标准。中央提出“三大前提”已经三年了，至今仍未引起足够的重视。现在“三大前提”写进了“七五”计划建议，而且把它作为四化建设的前提。有了“三大前提”，山区建设就大有希望。

总之，从现在到2000年，在抓四化建设的同时，认真抓好山区建设，不论从哪一方面来说，都是十分重要的。新中国成立以来，山区建设中的失误，决不能再继续了。这是涉及社会主义制度优越性的大问题，涉及我国人民能不能治山和建设国家的大问题。因此，山区建设是全党全国人民的大事情，是总任务。把它仅仅作为扶贫工作是远远不够的，视为无可奈何的包袱，更是非常错误的。

二、南方山区中为什么贫困落后地区比较多

既是“宝地”又是贫困落后地区，这是一个十分矛盾的现象。要解决这部分贫困地区的问题，首先要弄清楚原因，否则就不能对症下药，还有可能开错药方而造成新的失误。我们再也不能这样折腾了，也经受不起这样的折腾了，山区人民也不允许再这样折腾下去了！

为什么贫困落后？答案很多，我以为主要原因有五条：

1. 以粮为纲对山区的危害比对平原更为严重。因为平原地区可以种粮，也可以种经济作物，只是收益多少的问题，而山区就不一样了。山区不适合搞粮食，它的优势是多种经营。在山区开荒种粮，造成水土流失，以致资源日少，产量日低，耕地也减少，弄得无法维持下去。在山区搞以粮为纲，损失就大得多了。1981 年春天，我在湖南桃源县（这是我们科学院的试点县，干部比较熟悉）和那里干部群众座谈，他们对我说：“你来了我们讲点老实话吧。我们山区干部心情沉重，有两个‘不得了’：一个‘不得了’就是，这样开荒扩种，年年增产，不过多久，我们都要当‘刘备’。”我问什么叫当刘备，他们说：“刘玄德‘领民流江’，像这样干下去，不要多久，就带着老百姓到湖区度荒，要变成刘备了”。“第二个‘不得了’就是完不成征购任务，要受到批评，重的还要撤职查办。为了现在的‘不得了’，就牺牲将来的‘不得了’，反正是一个‘不得了’！”桃源县很多山区的干部都是这样。我们这次看到不少的地方，也是岩石裸露，开荒严重，如果这样继续下去，将来就有可能在“青石板上闹革命”了。

2. 长时期内我们的林木价格太低，使林农收入很少，失去了经营森林的积极性，加速了森林的破坏，这是一个很大的原因。用对待国有林的办法来对待南方的集体林，使林农和林区处于长期贫困的境地，林农卖一立方米的木材，它的代价仅仅是它的运价，木材是白送的。卖大木头不如卖枝丫。这样的政策简直就叫自杀政策，农民没有积极性，林区就遭到了破坏。

3. 在以粮为纲思想的指导下，山区的土特产资源，如油茶、油桐、乌桕、

核桃、漆和各种药材等等，产量大减，长期达不到历史最高水平，大大减少了山区农民的收入。这种做法是扬短避长，与自然规律对着干，当然要碰得头破血流。

4. 我们有许多领导同志不认识、不尊重山区的特点，在具体指挥上失误太多。比如在鄂西我们看了海拔 1700 米的大山顶牧场。这个牧场是 1983 年才兴办的。兴办前该牧场经过了几次大的折腾。第一次是种糖萝卜，搞糖，气候寒冷，种糖萝卜失败了；第二次是飞播华山松，也因为气候寒冷，只有生态效益，没有经济效益，也失败了；第三次以粮为纲，那就更糟糕了。到 1983 年才找到了种草养畜这条路子。现在种草是成功了，但产量也不高。后来说发展奶牛就要搞奶粉厂，上面说要配套才给钱，所以他们又搞了个奶粉厂。现在奶粉厂搞起来闲着了，等奶牛发展起来，这个奶粉厂也许报销了。像这样的情况是不是仅仅只有一个大山顶呢？别的地方有没有？就是说方向对了，具体路子对不对？你们可以好好检查一下。这个问题必须弄清楚，像大山顶那样，具体的路子不对头，农民当然要受苦啦！

我们这次看到石柱县黄水区黄连产量的起伏和农民收入的变化，也说明这个问题。比如黄水区 1949 年黄连产量是 2.5 万斤*，到 1958 年 3.5 万斤，1961 年 6000 斤，到 1968 年变成 4000 斤了，直到 1974 年才恢复到 2.5 万斤，1974 年才相当于 1949 年的产量，老百姓怎么能不穷呢？而近几年发展很快，1977 年达到 3.3 万斤，1984 年 26.9 万斤，1985 年 34.7 万斤，今年可能达到 60 万斤，产量猛涨，使这个海拔 1600 多米的高寒地区成为全地区最富的地方。什么原因？因为他们找对了路子，抓住了本地的资源优势，所以就上去了。而在过去 20 多年里，这个区的农民收入是下降的，说明跟自然规律对着干，就吃苦头；顺应自然规律，抓住了本地的自然优势，农民才能富裕起来，同样是高寒地区，结果却大不一样。

以我所知道的湖南来说，前些年曾推广过桑植开荒的经验，还推广过

* 1 斤 = 500 克。

放火烧山的经验，叫“一把无情火，烧出万斤粮”，气魄非常之大！还推广过铲草皮的经验，铲草皮积肥，那是挖肉补疮。好好的山，不好好利用，把草皮铲下来放到田里去，好像田是你的“亲儿子”，山就是你的“歪儿子”，这叫目中无“山”！还有，在山区推广双季稻，不管条件如何，都要推广双季稻。结果出现了一个奇怪的公式，叫“1+1<1”，即两季稻谷产量不如一季中稻产量高。还有的不管条件如何，一律推广杉木林，结果好多地方都是“小老头”树，而北方又是种杨树，有的同志风趣地说是：“南方的沙家浜，北方的杨家将！”还有不收油茶种油茶的怪事。老百姓批评说：“共产党，真正怪，不收油茶种油茶！”这样反复折腾，生产怎么搞得上去呢！所以1980年湖南省提出了我们“失误在山”的结论。

这些同志当然都是好同志，叫好心干了坏事，但毕竟是坏事呀！好人干坏事，大家原谅了，因为原谅了，多付点“学费”吧，因而错误不断犯，“学费”不断交，老是学不到东西。为了前进，我们应对事不对人，认真总结，吸取教训。

5.“一刀切”的各种规定和办法，不适合山区情况，为山区造成很大的困难。我们这次考察中，听到和看到了一些，当然很不全面。如教育、卫生经费，山区与平原一个标准，山区就吃不消。山区居住分散，学生分散，教师当然应该多一点，少了就不行。医生和医务人员的比例也是如此。而现在是同一个口径，多少学生配多少老师，多少人配多少医务人员，这样山区的教育与卫生事业当然就比平原落后啦。如果原来就落后，那么就造成更加落后的局面。

行政经费也是一个样。边远山区到省里开会，路费就多一些，打电话费也多一些，同样的费用在山区就不够用。

汽油按汽车配油，山区与平原也是一个样。我们这次就深有体会，在山区一上一下，用的汽油比平原多得多，车子也容易坏得多。山区平原一个样，当然山区就吃亏得多，在平原可以跑10万千米，在山区8万千米也跑不到。

类似的例子很多，多了，山区就受不了。我以为山区文化、教育、卫生落后，工作落后，人们不愿意进山，已进去的要出山，与这些规定和办法有很大关系。有关部门在制度和规定上，或者说客观上实际是在歧视山区，谁还愿意去呢？人们会说，他不愿意去山区，或者去了以后离开山区是觉悟低的表现，这种说法也可能有一定道理。但是我们要问，你们这样“一刀切”，这样歧视山区，这种觉悟是高还是低？总不能说是高吧！是低，你改不改？如果再不改，那就不是高和低的问题了，可以说是有意破坏！

湖南省的万达同志是个南下干部，长期在湖南工作，后来成为湖南省的领导。今年他当了省顾问委员会主任以后，下农村去认真考察了一番，写了一篇关于发展油茶的报告。省委转发了这个报告。万达同志下去考察，看了一些试验点，改变了对油茶的看法，得出一个结论，认为油茶生长快，产量高，挂果快，效益好，发展油茶大有可为，并认为油茶是湖南省特有的一项资源优势。像万达同志认识了三十多年，并经过认真的调查研究以后，才真正认识了油茶的本来面目，而现在不认识的还很多，这说明认识山区难啊！所以要重新认识山区，而且要从一草一木开始。万达同志认识了木——油茶，而草呢，我们许多人就不认识。科学家钱学森就提出了“草业”，他认为中国的牧场比耕地面积大好几倍，大有搞“草业”的必要。钱学森是搞航天的，他关心草，我们搞农业的还不关心，说明我们有的同志视野太窄小了。要从一草一木开始，进而逐步认识整个山区。

关于山区生产的方针，有不同的说法和看法，有的以这个为主，有的以那个为主，这说明认识还不一致，还没有真正地认识山区，就像瞎子摸象。现在人们已有一些新的想法和提法，说明人们正在探索这个问题。比如：

（1）对高山的划分更细。如后山，800 米以上；二高山，800~1200 米；高山 1200~1500 米；老高山，1500 米以上。把高山划成几个等级，每个等级各有其特点，各有其适合种植的作物。

（2）湖北提出了山区是“立体、多层次的复合农业”的论断，对山区的认识更加具体化了。

（3）有的地方提出了建设各种生产基地的设想，把资源优势变成商品优势和经济优势，这是对立体农业的具体化。

（4）还有的提出了庭园经济的设想，这是富民政策的有效办法，也适合山区居住分散的特点。根据农民的实际情况，大力发展庭园经济，在农户家庭各种果树，养鸡、鸭、鹅，就可以把山区的半劳力利用起来，又是建设山区，又是美化山区，这是使山区尽快地富裕起来和适合当前农民思想觉悟的一种好办法。

（5）南方草山的改造和利用也在试验探索中。

上述的探索，都是很有意义的，值得重视的，但又都是不完善的，因此，就重新认识山区特别是南方山区的特点问题，认真开展一次讨论是非常值得的。大讨论是大建设的前提，一定要讨论清楚了再大建设，不允许再有大的失误，也经不起大的失误。记得1983年总书记在甘肃提出种草种树是甘肃改变面貌的根本大计，并要省委用一个冬春的时间在干部群众中开展大讨论，以统一认识，说明思想转变是很不容易的。对南方山区的认识，我看更应该好好讨论，认真总结三十多年的经验教训，真正找出一条适合发展的路子来。

三、生态农业及其对于山区建设的特殊重要意义

生态农业近几年有了一些发展。什么叫生态农业呢？这就是：要求在农业生态系统中起主导作用的人，善于遵守自然规律和经济规律，立足今天，放眼未来，尽量避免以致根除恶性循环，力求促进和实现良性循环，在发展生产的过程中，为当代人以及子孙后代创造一个经常保持最佳平衡状态的生态环境。在我们国家来讲，生态农业的范围应该比国外广一些，包括农林牧副渔各业，包括乡镇工业，实际上是包括农村的整个建设。我们讲生态农业，就是根据生态学和生态学的原理来组织指挥农业生产，充分利用当地的自然资源，利用动物、植物、微生物之间的相互依存的关系，利

用现代科学技术，实行无废物生产和无污染生产，提供尽可能多的清洁食品，满足人们生产、生活的需要。同时创造一个优美的生态环境。我们的农业既要有效地利用化肥、农药、机械，但又要把它纳入新的生态系统，尽量减少其污染和其他不足，充分接受传统农业的一些好的经验和做法，并用现代科学技术加以总结提高。这种农业是一种科学的人工生态系统。它具有整体性、系统性、地域性、集约性、高效性等特点，力争生物产量最高，光合作用最合理，经济效益最好，生态平衡最佳等等目标，它的层次是多层次的，小到一个乡，一个社员农户的具体安排，大到一个县、一个地区的农业布局。生态农业的含义就这些。

概括的讲，搞生态农业就是两个方面，第一方面就是我们所讲的大农业，即是农林牧副渔协调发展，把管辖境内的耕地、林地、水面等全部的土地充分合理地利用起来，消灭裸露的土地，尽可能多地把太阳能转化为生物能，求得最佳的经济效果。根据这个含义，我国的农业用地是160多亿亩，耕地只占20%左右，其余80%的土地都是林牧地，所以大农业的思想在我国有特殊重要的意义。我们过去的失误就在于不注意生态农业，适合种草、植树的地方拼命搞粮食，把山林草场给破坏了，把下游河湖、水坝、水塘都淤了，损失太大。生态农业的意义就在于充分合理利用土地，使其发挥出最佳最好的经济效益。河南有些地方把林地搞到20%，情况大变，出现了农林牧协调发展、互相促进的局面。在山区，扩种余地更大，更有可能这样做。第二方面是建立农作物秸秆和其他副产物的循环利用系统，实行无废物生产和无污染生产。这就是把农村的产品多次加工、利用，多次增值的系统。搞得较好的是江苏的海安县。当地农民按次生产食用菌、菌糖饲料、发展家禽家畜、发展沼气、养蚯蚓、制造优质的有机肥、发展有关的加工业等，形成良性循环，使产品多次增值，同时还解决了农村自身的污染问题，改善了生态环境。前几年，它来了个百万雄鸡下江南，引起了轰动，秘密就在于它较好地实现了上述循环利用系统，产品质量好，成本低，又是清洁食物，有很强的竞争力。现在他们提出跟苏南比，他们说，苏南产值高，成本也高，而且污染大，我们海安没有公害、没有污染的粮食、蔬菜进入市场，价格虽高，人们都愿意买。将来一定能超过苏南。上述经验各地都有，关键是没有配套，封建割据、各霸一方的现象严重。只有配套，形成良性循环系统，我们的农业才会出现好的形势。

生态农业是符合我国实际情况的，也是与国际上出现的新经济思潮一致的。所谓符合我国实际情况，是说它不仅充分利用了耕地，还用林草把广大非耕地利用起来，把创造优美的生态环境与发展生产结合起来，同时使农民的财富大增，使富民与建设并举，一举三得。三种效益同时抓，同时实现。它还把发展生产与农业现代化结合起来，能够充分利用现代科学技术。应该说，这是我们找到的一条好办法。

所谓与国际上一种新的经济思潮一致，是指这样一种经济思潮。最近罗马俱乐部的主席佩奇在他《世界的未来》这本书里，提出了一种新的经济思潮，其基本点就是把经济与自然环境结合起来。这个经济思潮的论点，就是把经济与自然看成是一个不可分割的总体。在生态受到破坏的世界里，是不可能有福利和财富的，旨在普遍改善福利的战略，只有围绕着人类固有财产——地球，才能够实现；而筹集财富的战略，也不应与保护这些财富的战略截然分开。一面创造财富，一面又大肆破坏资源财产的事业也只能创造出消极的价值，或者说破坏的价值。这就是罗马俱乐部提出的观点，也就是经济和自然结合起来的观点，人类生活在世界上，就要消费。人口越多，消费的资源就越多。而且随着发展，人们的消费将越来越高级，比如电视机、电冰箱、洗衣机等，这么多人在一起消费，需要多少电力！地球从来没有接待过这么多的客人，这就必然导致对自然资源的没有节制的开发，比如毁林开荒等，人口爆炸就是这个意思。所谓经济发展中的偏差，就是说人已经被物质革命的引诱所降伏了，这些人是根据物质革命给予的权力行事，再也不遵守大自然的规律了。而自然规律和经济规律最终起作用的是自然规律，违背了自然规律，你就会受到惩罚。我们的生态农业正是符合国际上的这种新的经济思潮，也就是经济与自然是不可分割的总体，自然规律决定经济规律的思潮。

这种生态农业，对广大农村有特殊重要的意义。现在农村正在发展乡镇工业，建设小集镇，这是好事，但是如果不注意，也要出问题。比如发展乡镇企业，有三股势力结合在一起，可能造成更大的危害：一股势力是城市打着支援农业的旗号下放污染工业，存心不良，害人（城市环保抓得紧，对污染工业要罚款）；第二股势力是农民不懂科学，只想赚钱，不管什么工业，先搞起来再说的心理，于是就出现“要想富，搞电镀；要想发，搞翻砂”，你送来我就要，第三股势力，是有的干部当了县长，虽然知道是污染工业，但迫于任务在身而不得不搞。他们认为，环境污染是软任务、软指标，对不起，我就移交给下一任，叫困难下放。三股势力加在一起，那就糟糕了，污染工业就有在农村遍地开花的危险。如果是这样，那么我们又是犯了一个不可饶恕的错误。我们这些人就都会受历史的责备的，我讲这些不是凭空的。我在苏州，接触到一些县长，问他们为什么技术人员当县长还搞污染工业，他们说：“你不知道，我当县长三年，产量上不去，农民收入不增加，我交得了账吗？！如果现在治理污染，好多厂要关，产值就要下降几个亿，谁能下这个决心？所以污染我就下放了，上面给我，我加了一份又送下去。”在这种情况下，提倡生态农业就十分重要了。

生态农业对于贫困山区改变面貌，我认为有它重要的意义：

第一，生态农业可以改变过去的掠夺资源为培植和合理利用资源。

第二，可以把过去的恶性循环，逐步转化为良性循环，使资源越来越多。过去那种办法是越垦越穷，越穷越垦，出现恶性循环，而生态农业就不是这种办法，比如石柱县的黄水区，种黄连，同时栽树，黄连起来以后，林子也起来了。

第三，生态农业可以建立清洁食物基地，为城市和广大人民提供清洁食品，同时保持山区清洁而舒适的环境，成为优美的游览区。

第四，生态农业还可以把富民与山区建设统一起来。石柱县黄水区的经验很好，农民富了，税收增加，好多事情，如修路等都可以通过农民来办，这样就把富民和山区建设统一起来了。

第五，可以利用山区立体农业的特点，因高程制宜，发展各种生产，使山区生产由单一化走向多样化，充分发挥山区优势，为国家和城市提供丰富多彩的产品。只要布局合理，我们的城市就会一年四季都有新鲜蔬菜、水果，因高程不同，作物的成熟期就不同，这样山区的优势就得到了充分的发挥。杭州市把 250 米以下的山，划为各种经济林木的集中产区，从杭州城一直到钱塘湖，他们算了个账，这样搞以后，收入可以超过农田里的收入，如果是搞加工，经济收入更高。同时这种经济林还可以和旅游业结合起来，形成更大的优势。

第六，还可以充分利用山区居住分散的特点，把建设庭园经济与美化环境结合起来，使它既是一座小果园，又是一个小畜牧场；既可以利用半劳动力创造财富，又可以使人生活更加美好。就像生活在“远看一处攒云树，近入千家散花竹”这样一种优美的世界中。这样的山区，当然会来的。

总之，生态农业更适合山区的需要，对山区更有特殊意义。对于山区，古人就有一些不同的看法。我国南北朝时候的南朝，有一个皇帝问一个叫陶弘景的隐士：“山中何所有？”陶欺骗皇帝说：“山中何所有，岭上多白云；只可自与乐，不可赐真金。”陶弘景关于山区的论点就是白云。李白曾写有“问余何意栖碧山，笑而不答心自闲；桃花流水渺然去，必有天地非人间”这样的诗句表达对山区的赞美。刘禹锡被贬到湖南，也写有“山上层层桃李花，林间烟火是人家”的诗句赞美山区。以上是古代人民对我们山区的描写，山区人很少，风景很优美。现在的山区应该是怎么样的呢？我在桃源作了一首打油诗：“山中何所有，遍地是金银；取之以其道，富国更富民。”这是远景，但完全可能，也应当如此。现在的穷是我们与自然规律对着干的结果。我们干了蠢事，受到了惩罚。因此，不是贫困山区是国家的包袱，这是我们的错误政策和瞎指挥为人民造成的灾难，我们要大搞生态农业，扭转贫困现状，实现富饶的远景。

四、各县应该制定一个有科学依据的综合发展规划

怎样搞生态农业？怎样坚持下去持之以恒呢？这个问题要切实解决，不然还是在空喊口号。我认为每个县特别是贫困山区县首先应该组织科技人员在农业区划的基础上，进行研究，制定一个有科学依据的综合发展规划，经过广大干部群众讨论修改后，由县人大通过决议，使规划具有法律效力。在一定时期内，即规划实现以前，不论谁来当领导，都要执行这个规划，这样才能保持建设的持续性。如果要修改，那就得先提出原来的规划哪些地方是错的，你的规划比原来的规划高明在什么地方，经过同样范围的讨论，通过以后才能修改。在未通过以前，任何人不能随便改。只有这样，才谈得上有计划地进行社会主义建设。

这种规划，要用农业系统工程的方法来制定，由定性进入定量。这个方法，从 1981 年以来，逐步在我国试行，现在已有一百多个试点县，效果还是好的。现在他们已把农业现代化、生态农业、农业系统工程三个方面统一起来。三个方面的关系是：中国式的农业现代化，其核心内容是生态农业，主要方法是农业系统工程。湖南桃源县去年搞了一个综合发展规划，这个规划钱老很赞成，他对云南的一个同志说："你们要搞系统工程，桃源的做法很值得参考。"湖南搞战略性的鉴定，经过了几次反复，他们在试点桃源县搞了四种模型的算帐：一是以粮为主模型；二是以林牧为主的模型；三是综合发展的模型；四是加工模型。经过算账后交县委讨论，县委很吃惊，感到这么多年还是以粮为主型，以粮为纲的思想没有转过来。最后研究定了近期内（1990 年以前）县里的发展是综合发展型，把各种资源都培植起来，到 1990 年以后逐步转变为加工型。并经过县人大通过决定。以法律形式固定下来，2000 年以前就按这个办。现在他们成立了规划的执行小组，县委书记任组长，组织各方面的力量来实现这个规划。在这方面，规模最大的是安徽的阜阳地区。阜阳地委书记很积极，他说："你也不要调我了，我就在阜阳地区养老送终，我这辈子就在阜阳地区把这件事情搞起来。"他写了

一篇文章，登在阜阳报上，题目叫做“利用农业系统工程，大抓生态农业建设”。去年他办了一个250人的农业系统工程学习班，接着在三个县搞试点，今年就可以全面铺开。还有吉林省，省委制定了利用系统工程理论和方法制定全省农业发展战略总体规划的工作方案，全省办了120人的学习班，他们准备今年在全省范围内把系统工程搞起来。全省还搞了四个试点，听说四川也很积极，要求杨挺秀同志组织人来办班。总之，生态农业，各个县都要有一个规划，按照规划去做，并且坚持下去，才能实现。

前不久，钱学森同志对我讲，农业系统工程搞得好，有成绩。他还说，草业也应该搞起来，也应该成立委员会，开展工作，使更多的人了解和接受。

我想，关于发展规划中的速度和目标，最好分两步走，一是根据我们现在的力量和人力，根据实际情况，确定我们的发展速度；二是设想有外力投入的情况，那么速度就可以加快一点。按这样规划的发展速度才是具体的实实在在的速度。我们强调这样的发展规划，主要有以下理由：

一是农业复杂，山区的立体农业更复杂，没有这样的规划，谁来指挥，也容易失误，这样的“学费”不能再交了。关于农业的复杂的问题，我曾经和钱学森的学生周教授（湖南国防科大工作）进行过探讨，他是搞控制论的，开始他不了解农业，说农业简单，半部控制论就解决问题，“半部论语制天下”嘛。他和我一块到桃源去，搞一个山区，到了那里，人家给也汇报当地气候、土壤和各种植物生长的情况，他一听，说：“不行，农业变动因素太大，我这控制论解决不了问题。”去年在一次会上，我请他讲农业的复杂性，他写了一段：“农业是一个十分复杂的大系统，不仅因子众多，关系复杂，而且具有边界模糊，子系统之间接口没有定型，系统弹性大，以及跟踪困难等等特点。”控制论嘛，他讲追踪，导弹打出去了几秒钟就能捕捉目标，而农业不行啊，算得好好的，一场大风把你给刮倒了，说明农业真是太复杂了！要强调系统性的发展规划，凭我们这个脑子就不行。你一个劲地喊，好好搞吧！宜农则农，宜牧则牧，宜粮则粮，这话等于没讲，空话呀！在你这个地方哪些地方宜农，哪些地方宜牧，哪些地方宜粮？在

1600 米高的地方强调以粮为纲，这不行哩！

第二个理由，如果没有规划，领导一换，县委书记一换，又重来一套，因为前面的将军就没有留下具体的规划，那么后来的将军一来，当然要指挥，下命令了。所以我们过去说，一个将军一个令，要解决一个将军一个令问题，就要有一个规划。

第三个理由，只有大家讨论和决定的规划，大家才能决心执行，才有实现的可能性。个人制定的东西特别是不适合的原因，那就是“人一走茶就凉”，不能坚持下去，即使是对的，换了领导也不能继续下去。

第四个理由，有了规划，才能够检查建设的速度和各项事业发展的进展情况，推动四化建设。在山西的右玉县，原来是没有林子的，也很穷，但他们十届县委都搞林子，搞了一、二十年，现在是全县森林覆盖率将近 50% 以上，成了全国造林很有名的县。现在他感到这样吃了亏，那么多林子都是“杨家将”，只有生态效益而没有经济效益，如果当时是以草、灌、乔相结合，草、灌先行，那么发展就快得多。所以现在他们就拼命地在林子间种草，发展畜牧业，现在草地也搞起来了。但这是偶然的，偶然碰到的。我们全国每个县都像这样，看办到办不到，有了一个发展规划就能够做，那就好办，根据右玉县的经验也是这个问题。作为县级的主要领导人，不在于是出好主意、好办法，而是在于选择比较好的主意和组织实施、办实事，发动大家的积极性。讲究科学更是如此。如果事事都由自己出主意，大家照办，群众不就是阿斗了吗？这有什么群众路线呢？不还是英雄史观的具体表现吗？所以组织科技人员、干部研究制定一个发展规划，经过讨论定下来执行，是一个比较好的办法，我们这样做是建设的需要，也是工作方法和建设方法的重大改革，也是思想方法的改革。是科学的具体表现，是群众路线的具体化。因此，此事决不能小看，要认真实行起来。我们不能把规划看得很随便、很轻松。有这么一句话“规划、规划，纸上画画，墙上挂挂”。挂在墙上还是好的，有的把规划搞起来以后，往抽屉里或柜子里一放，让老鼠啃去了，那就更糟了。

五、加强县一级的权力，变“九龙治水”为“一龙治水”

有了科学的综合发展规划，就要组织力量切实推行，以推动全县经济和各项事业的发展。为此，县一级的权力，就要比现在大大加强。胡耀邦同志视察宁夏回族自治区西吉县指出，要加快绿化步伐，四年完成绿化任务。省级各部门也紧张起来了，这里总书记说话了，我们这些业务部门可不能耽误，手里应该给的钱就要给，手里应该给的物资就要按时给，开绿灯。省里各界、各部门给予方便。县里呢？县委就很紧张了，这个任务完不成，总书记那里不答应。全县动员起来，分片包干，哪几个人包哪几个公社，一定完成任务，哪一片划好了哪一片就先搞，四年就完成了。我去的时候，那个县有个四川人给我讲，我们县委的同志出了几身汗，掉了几斤肉，四年完成任务了。这里有三条嘛！总书记说了，各界开绿灯，下面就有规划了，大家都在那里干。对这三条，我就提出问题了，我们为什么就怕在外国人面前丢人，不怕在老百姓面前丢人呢？省里面为什么只给西吉县开绿灯，给别的县就不开绿灯，什么意思，照理都应该开绿灯嘛！西吉县的经验给我们很有启发。现在县里面临的最大问题就是管理，即组织工作、放权问题，我们的具体经验是很多的。你们听听生物学家曹天欣在一篇文章里讲的：“我们的差距，与其说在科学技术方面，不如说在管理方面；只要政策对头，全国一盘棋，我们一定会迎头赶上；只要政策得当，中国人比谁都不笨。”还有我们的经济学家宦乡同志（驻英大使）讲的：“就电子计算机来说，我们起步并不太晚，搞了二十多年，与外国的差距反而拉大了，主要问题出在管理体制上，在管理体制上存在着散、乱、差的问题。”上述问题再也不能继续下去了，否则不仅赶不上，反而会抛在后头了。这是很值得注意的！所以放权问题是一个大问题。

现在是一个极为有利的时机，党中央抓山区建设特别是贫困山区的问题了，我们要抓住时机，选择几个县试点，取得放权和变九龙治水为一龙治水以加快建设速度的经验。这件事做好了，功德无量。现在下面等上面，等中央给办法，上面哪来那么多办法，你们创造经验吧！上面等经验，下面等办法，怎么行？只有共同起来创造，才会有办法，我想搞几个点试验试验是有好处的，如果取得这个经验那就非常好。放权虽然很难，但我们非放不可，非解决不可，在山区搞几个点，这里当然我们希望涪陵地区能够搞出点好经验、好典型来，这样是有好处的。

（《中共涪陵地委办公室情况通报》1986年5月27日）

谈谈我国贫困地区改变面貌问题

目前，我国还存在着一部分比较贫困的地区。在全国经济建设迅速发展的大好形势下，这部分地区的存在，就显得十分突出和不协调，从而引起人们的重视和关切。党中央和国务院于1984年9月发出了《关于帮助贫困地区尽快改变面貌的通知》，自那以后，这类地区的问题更提到了各级领导机关的议事日程，并采取措施着手解决了一些急待解决的问题，使这类地区的情况发生了若干变化，总的形势是好转的。如何尽快改变这类地区的面貌，已成为各方面关心和研究的一个重要课题。

一、贫困地区分布在哪些地方

大家知道，这些贫困地区绝大部分是山区，有的还是少数民族聚居的地区和老革命根据地，有的是边远地区，通常的说法是“老少边山穷地区”。但是，它们究竟是怎样分布的呢？又有什么特点呢？这些问题就不是什么人都了解的了。对这些问题作一番具体分析，实在是改变贫困面貌的起点。

从已经划定的14片贫困地区及所属县份分析，位于秦岭和淮河以南的片数和所属县数，分别占64.3%和81.4%，而位于这条线以北的片数和所属县数，则分别占35.7%和18.6%，南方多于北方。这些数字反映的情况，与我们头脑中的南方山区自然条件好、资源丰富、居民比北方山区的居民富庶很不相同。另外，我们从农村居民收益分配的资料中，亦得到相同或相似的概念。据农牧渔业部1984年统计，这一年人均收入300元以下的县，占全国53%；没有这类县的共4个省市，南一北三；比重在30%以下的共5个省，北三南二；比重大于60%的共10个省区，南六北四。其次，人均收入500元以上的县，全国所占比重为9.4%，没有这类县的共7个省区，南六北一；比重在11%以上的共11个省区，北七南四。很显然，这个收益分配情况，也是与我们头脑中的南方自然条件好、经济发达、居民比较富庶的老概念相矛盾，但却与贫困地区分布状况符合。这个情况引起人们的新思考，为什么成片的贫困地区南方多于北方，就县数来说南方竟占到80%以上？为什么自然条件好的地方反而更穷一些？这是一个十分重要的问题，弄不清造成的原因，措施就不能有力，支援就只能是输血型的，而很难是造血型的，就谈不上改变其面貌。

二、为什么南方山区穷县更多一些

由于这个问题还未引起足够重视和研究工作还未很好开展，因此，这里讲的，只是个人平时的一些印象和想法，谈不上全面和深刻，作为引玉之砖提出来，目的是引起人们的注意和进一步探讨。我以为至少有这样三条原因：

第一，南方诸省区除个别省外，山区比重大，一般的说法是七山一水二分田或八山一水一分田，在以粮为纲思想的指导下，多山的省份受害就更大一些。前些年湖南省桃源县山区工作人员发出的“两个不得了”的呼声，就是这一情况的反映，有相当的代表性。所谓“两个不得了”，就是在山区实行以粮为纲，在山上开荒种粮，不断破坏植被和自然资源，水土流失日益严重，不用多久就无地可开甚至无法生存，后果不得了；但不开山、不完成粮食增产任务，向上级交不了账，就得查办，也是不得了。山区干部为了解决眼前的困境即后一个不得了，就只能牺牲长远的利益即前一个不得了。可以作为这个呼声的佐证的，就是前些年山区的大寨县，粮食增产显著，现在不少成了很困难的县。其次，为了增产粮食，前些年把平原地区的一些经验推广到山区，如在深山区推广双季稻，结果是两季产量不如一季的高，而投资和投劳则大得多，山区农民付出了很高的代价。这一措施的破坏性是很大的。有人会说，这些瞎指挥已经纠正了。是的，纠正了，但是，它的影响和造成的损失，一下子是纠正不了的，如造成的水土流失及其结果要延续好多年，陡坡开的荒一下子也不能全部退下来。南方山区贫困县占的比重大，与这个生产方针及有关措施关系很大。对此，应该引起足够的重视，对其所造成的危害，更应有清醒的认识。否则，对改变山区的贫困面貌是很不利的。

第二，南方各省山区，集体林占的比重很大，在一个长时期内，由于木材价格很低和农民不能自由经营林副产品，许多东西白白在山上烂掉，山区优势发挥不出来，林农收入很少，生产积极性不高，也是南方山区贫困县占的比重大的一个原因。前些年，南方一些省份，湖区造林积极、山区养鱼积极，形成一个扬短避长的反常形势，就是这种不合适的林木价格政策造成的。这个问题现在认识了，也已采取措施在解决，情况有所好转。但是，它的影响不是短期内能消除的，因为时间耽误了，资源没有培植起来，现在加紧培植，要经过一个相当长的过程才能得益。看不到这一点，对于改变这类地区的面貌也是很不利的。

第三，交通不便、文化教育和科技落后，也是南方山区贫困县比较多的一个原因。我以为除交通不便的问题外，文化教育和科技落后，又是我们工作失误的结果，后来又成了原因。许多山区尤其是一些老革命根据地，当时是很不错的，知识分子也不少，为什么也落后了呢？有些知识分子、科技人员为什么也离开了呢？这与我们的具体政策失误有关，在这些贫困山区工作的知识分子、科技人员，不仅没有什么优待，而且工资低、提升难、夫妻分居、子女就学升学难等一系列非常实际的问题，长期得不到解决，如何能使他们安心呢？又如何能吸引后来者？一锤定音即调进去都出不来的办法，对于吸引后之来者也很不利。不承认这些情况，不切实解决这些问题，文化教育、科技落后的问题，就无法解决。这些问题，南北方的贫困地区是共同的，但南方山区受忽视的时间更长一些，因而影响也更大一些。

三、重新认识山区，找出解决办法

要改变贫困山区的贫困面貌，首先要找到当地自然规律和治穷致富的路子以及实施办法。北方山区由于找到了种草种树、发展畜牧治穷致富的路子，更由于中央领导同志大力提倡，各级党政机关认真抓，几年之内，成功的典型成批出现，人们的认识不断提高，决心愈来愈大，情况有了可观的变化。这条经验值得十分重视。

南方贫困山区走什么具体路子以治穷致富，是一个急待解决的大问题，也是一个要下工夫认真探索的大问题。现在，对南方各省区的造林、种草、经营木本粮油作物、粮食生产、多种经营等问题，都存在着不同意见，更说明认真探索的必要性，这也就是重新认识南方山区的问题。最近看到了湖南省万达同志关于油茶林的新论点和建议，不仅受到了有益的启示，更加深了我对重新认识山区问题的看法。

湖南省有2400万亩油茶林，在全国居首位，经营管理也是比较好。万达同志经过调查研究和参观有关科学实验成果以后，产生了一个新的认识："原来的老概念（即生产慢、挂果迟、产量低、效益差）不对了，油茶完全可以做到生产快、挂果早、产量高、效益好，发展油茶生产大有可为。"还认为"油茶是湖南省一项特有的资源优势"，"经营好油茶林……对于充分利用我省自然资源、满足人民日益增长的优质食油的需要，增加农民群众的收益，增加食油出口创汇，都具有重要的意义"。这又是对前些年湖南省委提出的失误在山的论断，作了生动有力的注释。由此使我们联想到其他一些事情，比如，“四人帮”横行时期，我国的柑橘产量，不如日本一个县产的多，桐油、漆、白蜡、棕片等成为稀罕物品，中药铺中许多重要中药长期缺货，板栗在市场上买不到，核桃要医生开证明才能买到等等。我国是一个多山的国家，南方的广大山区更是世界上的一块宝地，木本粮油作物和著名特产以及中药材等等，品种极多，应该成为大量生产多种木本粮油、名贵特产和药材的国家，事实上都生产得很少。另一方面，荒山却大量存在，水土流失面积不断扩大，这说明山区资源没有很好利用起来，也就是说山区经营得很不好，这正是山区所以穷的根本原因所在。为什么山区没有经营好和如何才能经营好？这正是我们要认真探索和解决的关键问题。万达同志关于油茶的新论断对我们的启示和深远意义正在这里。它告诉我们应该重新认识南方山区的特点，而且要从重新认识其一草一木开始。只有对山区的一草一木都认识了，才能进行综合分析，进而认识其全体即整个山区的特点和优势所在。这样，过去的失误所在才能看清楚，好的开发方案才能提出来并付诸实施，贫困山区才能迅速改变面貌，我国农村经济才能真正起飞。否则，迅速改变山区的愿望就无法实现，还可能招致新的挫折，这是应该力求避免的。

（《农业技术经济》1986年第4期）

谈我国贫困山区的治理与开发

一、重新认识贫困山区

我国目前有14片贫困地区，尚不包括陕北、江西老区、福建老区和山东的沂蒙山区，实际上是18片。分析一下这些贫困地区，就能得到两个突出的概念：一是都是山区，二是南方山区占的比重很大，以14片计算，位于秦岭、淮河以南的片数和所属县数，分别占我国贫困地区和所属总县数的64.3%和81.4%，位于这条线以北的，分别占35.7%和18.6%。为什么南方山区的贫困片和贫困县占的比重这样大？很值得思考。过去常说，我国南方山区由于气候温和、雨量充沛和雨热同期等特点，地上、地下资源和水资源都极丰富，是一片宝地。专家们曾经指出，这些地方是植物王国的绿色宝珠，生物资源和水资源的王国。而这些地方的贫困片还很大，这就使得这个问题更加引人注目。因此，在研究和进行贫困地区的治理和开发时，必须对上述问题找出原因和解决的办法。否则，无论是治理还是开发，都有可能重犯盲目性和片面性的错误，影响治理和开发的速度。目前，关于贫困的原因到底是什么呢？且看两份有代表性的调查报告。

一份调查报告说，贫困的原因除历史上曾遭到反动政权的残酷浩劫，生产力受到严重破坏外，主要是：(1) 工业基础薄弱，农业结构单一；(2) 生产条件比较差，电力不足，交通不便，通讯落后；(3) 教育比较落后，人才不足。

另一份则说，贫困的原因是：(1) 自然条件较差；(2) 产业单一，生产门路不多；(3) 交通不便，物资流通困难；(4) 文化、科技水平低，干部和劳动力素质差。

我们在一些贫困县考察时，许多同志讲的原因也大致相同。可以说这就是当前的认识水平。我总感到，这些现象，有的是客观条件，有的是结果而不是原因，但目前它们确实又成了前进的阻力。如果分析只停留到此，是远远不够的，对治理和开发工作不利。我国是一个多山的国家，山区面积约占国土的 70%、山区治理和开发得如何，不仅关系到山区人民的生活，更关系到四化建设的全局。为了最有效地治理和开发山区特别是贫困山区，必须重新认识山区，首先就要弄清一批山区贫困的原因和新中国成立以来我们在山区工作中的失误，找到治理和开发的正确途径。笔者认为山区比较贫困的原因主要是：

第一，以粮为纲的农业生产方针，对山区造成的危害，比对平原地区更为严重。因为平原地区可以种粮，也可以种经济作物，是比重大小和经济效益多少的问题，改变生产结构也比较容易。而山区除基本农田外，是根本不适合搞粮食的，如果硬要搞，就得在陡坡毁林毁草开荒，就得破坏自然资源并造成严重的水土流失，从而引起日益严重的水旱危害，以致资源日少，土层日薄，地力日衰，无以为继。同时改变结构，发展林牧业，则需要较长的时间。山区一些当年的“大寨县”现在最穷，就是生态破坏更加严重的结果。

第二，在一个长时期内，木材价格太低，使得南方集体林区的农民收入很少，陷于贫穷，失去经营森林的积极性，也加速了林区的破坏。南方林区的破坏，原因很多，但这是一个重要的原因。如湖北的鄂西土家族、苗族自治州，解放初被称为鄂西林海，蓄积着5000多万立方米森林，现在只余1000多万立方米，林海被破坏了，森林采伐工人没事干了，但林区农民并没有富起来，今后要重新培植资源，富起来当然要有一个过程。南方山区集体林区较多，破坏得比较严重，这大概是南方林区贫困的一个重要原因。

第三，在“以粮为纲”的农业方针指导下，由于集中力量搞粮食，山区、特别是南方山区的林特产资源，如柑橘、茶叶、油茶、油桐、棕片、乌桕、药材等，因长期被忽视，其中许多产品的产量，远远低于历史最高水平，加上收购价格偏低，山区农民的收入来源大大减少。对山区来说，这是避长扬短，与自然规律对着干，怎么能不穷呢？

第四，由于对山区的特点认识不够，具体指挥生产上失误太多，损失太大。这里讲两个具体例子，一是湖北鄂西贫困区恩施市大山顶牧场，这里是海拔1600米以上的高山区，1983年下半年起，在这里试种人工牧草，发展山区畜牧业，是农牧渔业部南方11个试验点之一。在这之前，生产上有几次大变化，都失败了。首先是推广种甜菜，其次是飞播华山松，20多年了，至今还是小老头树不成材，其三是大种粮食，不仅产量低，而且常常失败。这样，这里的农民就长期陷于贫困。现在搞牧业，大家面对牧场，但发展什么畜牧和如何经营等问题还未解决好，时间也短，农民还未脱贫。一是四川省涪陵地区石挂县黄水区，也是1500米以上的高山区，但现在却是全地区最富裕的区，1985年人均收入324元。一些富裕农民到区政府所在地的小镇上盖新房子，该区农民还自己筹款投资修了一段公路，生产上也有新的布局，林业、药材、牧业密切结合，后劲很大，环境也很优美，到处呈现一派兴旺景象。它的富，也是近几年的事，经历了一段曲折的过程。1949年，这个区年产黄连2.5万斤，1958年达3.5万斤，这期间，农民比较富裕。之后，限制私人种黄连，集体也集中搞粮食，黄连产量不断下降，1968年仅为4000多斤，1974年才恢复到1949年的水平，人口却大量增加了，生活远不如以前。1982年达6.5万斤，1983年27万斤，1985年35万斤，今年可达60万斤。加上前几年黄连价格较高，农民很快富裕起来（原来石柱县是全国的黄连生产基地县，该区又是县的重点产区之一）。这两个例子说明农业生产是与自然打交道的，按自然规律办，就富起来，对着干就长期贫穷。南方山区在以粮为纲的生产方针指导下，我们生产指挥上的失误太多，如推广上山开荒、烧山种粮的经验，称之为什么“一把无情火，烧出万斤粮”，还推广过铲草皮积肥的经验，不顾当地条件推广大面积种杉树造成相当多的小老头林的经验等。这都是与自然规律对着干的，也都受到了惩罚并造成很严重的后果。这些失误当然影响山区的发展。

第五，“一刀切”的各种规定和办法，不适合山区情况，给山区工作造成很大困难。如教育、卫生费用，山区、平原一个标准，山区由于交通不便，居住分散等条件，花费必然比平原大。行政费用也是一个标准，边远山区到省城开会，路费就贵得多，也吃不消，配备汽车和汽车配油一个标准，更是吃不消。这类规定很多。我以为山区文化、教育、卫生落后，人们不愿进山，已进山的要求出山，同这类“一刀切”的规定关系很大。这些规定客观上是歧视山区和为山区开发制造困难的。更为严重的是，这类规定长期不变，其影响当然是很大的。

认识山区的特点是一件很不容易的事情，不下一番工夫是不能获得正确认识的。湖南省的老领导万达同志于1986年初对油茶提出了新的论断，给人以很大的启发。他经过调查研究并和科技人员讨论后提出：关于油茶的老概念（生长慢、挂果迟、产量低、效益差）是不对的，油茶完全可以做到生长快、挂果早、产量高、效益好，发展油茶生产大有可为。并认为油茶是湖南省一项特有的资源优势。这个事例告诉人们，认识一个事物多么不容易，认识山区就更困难一些，要从一草一木开始，由个别到一般，由个别事物到山区整体。只有深刻认识了山区特别是贫困山区，生产方针和生产布局才能合乎实际，合理安排，各项工作才能协调发展。现在关于山区贫困的原因上认识不一致，关于山区生产方针要不要提以什么为主和究竟以什么为主等问题？认识也很不一致，这说明我们对山区的特点还没有认识清楚。

在党中央和国务院已发出关于帮助贫困地区尽快改变面貌的通知，在各级党政领导机关已重视并积极进行治理和开发贫困山区的大好形势下，就重新认识山区问题开展一场认真的讨论，以提高干部和群众对山区的认识，正确地治理和开发山区，是极为重要的。只有解决了这个问题，许多具体问题才能顺利解决，治理和开发工作也才能顺利进行，贫困山区的面貌才能很快地改变。这个大讨论实在太重要了，实际上是山区治理上靠科学的第一步，也是避免盲目性和片面性的根本措施。现在，有些地方急于改变面貌，匆忙上项目，有的效果不好，有的没有效果，有的成为包袱。这又从另一方面说明重新认识山区的必要性。

值得高兴和重视的是，长期在山区工作的科技人员和党政工作人员，遵照生产实践和农民的经验，提出了许多新的论点，也创造出新的典型，为重新认识山区和治理、开发山区做了很好的前期工作，比如：

（1）提出了山区农业应是“立体、层次、复合”农业的新论点。这是对山区农业的新认识。根据这个论点，不仅可以总结出过去失误的原因，还能提出今后山区农业生产的合理布局，推动山区的农业全面而协调地发展。

（2）提出了建设各种生产基地的设想。这是前一论点的具体化，也是把山区的资源优势变为商品优势、经济优势的有效措施。

（3）提出了发展庭园和村寨经济的设想和实践。根据山区居住分散的特点，帮助农户把住宅周围的土地经营起来，实行经济林与畜牧业结合，开展多种经营，充分利用各种劳力和空隙时间，既增加收入又美化环境，进而推动农民经营荒山荒地，这是符合农民要求和觉悟水平的好设想，一些专业户的实践已充分证明了这一点。许多人认为这是改变山区面貌的突破口，是很有道理的。

（4）创造了经济林与牧草结合，种药材与造林结合的成功经验。一些农户种果园，在经济林下面种牧草发展畜牧业，既防止水土流失，又增加土壤肥力，可以增加收益。一些乡区，种黄连时同时造林，收了黄连（生长期 5~6 年），就成了林地，改变了过去砍林种黄连的老习惯，提出了林药结合的新经验。

（5）不少高寒山区用塑料薄膜覆盖苞谷，被称为地膜苞谷，产量增加了几倍，对解决山区粮食问题作用很大，推广也很快。

（6）有的县由于措施得当，几年之内，养兔业大发展，形成产、供、销一条龙，经济效益很好，农民和国家均得利，“兔县长”成了农民对抓养兔工作的县长的尊称。

（7）一个桐油产区，在青石裸露的山坡上，利用经常种油桐，使这片山坡成了山，还有种藤本作物如金银花的，在改造秃山发展生产方面给人们以启示。也说明南方山区目前的再生产力还很强，要充分利用这一点。

（8）一些户富裕起来后，自动下山到公路旁盖新屋，高寒山区的男女青年下山找对象，他们的行动向我们提出一个新问题：把高寒山区作为季节性的生产基地，组织居民到低一些的山寨落户，生活和儿童教育等问题均好解决一些。生产季节劳力上山临时住一段时间也是可行的。

（9）四川涪陵地区石柱县黄水区由比较富裕到贫困再到富裕的过程，以及下一步的发展趋势，给人以极大的启发和教育。

（10）特别值得重视的是广大山区人民和干部，对于因森林破坏引起的生态环境恶化和一系列严重后果，有了切肤之痛，因而对于创造良好的生态环境有了迫切要求。平原地区人民和干部由于感受到了山区生态破坏对平原的危害，也迫切要求治山。这是非常可贵的新的觉醒，是付出了重大代价才取得的。

上述这些新的思索和典型，各地都有一些，可惜目前还是零星的，分散的，理解的人还不多。应该看到，认真研究这些新思想和典型，对于重新认识山区和提出科学的治理、开发方案是非常重要的。它们也说明，现在不仅必须也完全有条件重新认识山区特别是贫困山区了。应该懂得，不仅治水在于治山，而且富国也在于山富。

二、生态农业与开发贫困山区

关于生态农业的含义，主要内容以及对我国产业发展的作用，笔者在《生态农业与农业系统工程》一文中（载《农业现代化研究》1986年第1期），曾作过简要的阐述，这里不再赘述。

生态农业，对于治理和开发贫困山区有着特别重要的作用，用生态农业的思想作为治理和开发贫困山区的指导思想，可以解决以下几个方面的问题。

第一，可以改变掠夺和破坏资源的做法，实行培植和合理利用资源，能够把各种土地资源逐步利用起来，改变贫困山区的自然面貌。

第二，可以把当前的恶性循环（即越垦越穷，越穷越垦，荒年砍木头，砍木头又造成更多的荒年，而且路子越走越窄），逐步变为良性循环，做到资源愈来愈多，产品愈来愈多，财源愈来愈多，一句话，山区的形势愈来愈好，路子愈走愈宽。

第三，能够充分运用立体农业的优势，因地制宜，利用山上山下的季节差异，发展各种生产，使山区生产从单一化走向多样化，为国家和城市居民提供丰富多彩的产品，还为乡镇工业提供品种众多、数量充足和质量很好的原料，使山区真正成为优质原料基地和特种产品基地。

第四，利用山区居高临下不受别人污染的优势，加上充分发挥生物防治的作用，尽量少用农药和化肥，建成清洁食物基地，为城市居民提供清洁食品，也可为外贸提供出口的清洁食品。凭这一方面，山区比平原特别是城市郊区，具有特殊的优势，要充分利用这一优势。因此，山区发展什么样的地方工业和乡镇工业，特别是不引进污染工业，以保持山区的清洁，为建立各种清洁食物基地创造条件，是一个必须认真对待和坚决实行的重要问题，我们决不能轻视，决不能饮鸩止渴以酿成不可挽回的恶果，已经引进的，要坚决治理。要懂得山区要以清洁食物取胜而且是优势所在，决不能自毁长城。

第五，可以充分利用山区居民点比较分散的特点，帮助居民把发展庭园经济或村寨经济与美化环境结合起来，使它既是一座小果园、小牧场，又是非常幽雅的小花园，真正实现“远看一处攒云树，近入千家散花竹”的桃源仙境。农民富裕而且环境优美了，生意盎然，当然乐意修建公路和水电站，修建小学和其他公共活动场所就更不用说了。广大山区做到这一点，就成了最大最美的旅游地，这种旅游地不仅美丽，而且食品丰富，特产众多，既可看，欣赏幽静美丽的山色，又可买各种具有特色的特产品和工艺品。这样的山区，人们当然是乐于进来的。

第六，可以推动文化、科技进山和提高山区人民和干部的文化、科技水平。实行生态农业，需要各种现代科学技术，农林牧渔各业生产如此，农副产品的加工利用尤其如此，各种科技力量都能用起来，在利用新技术过程中，加上有计划的培训，山区人民和干部的文化、科技水平就能得到不断的提高，它又反过来推动生态农业的深入发展。生态农业本身也有一个不断发展和完善的过程。

第七，可以把富民与建设山区结合起来。要改变贫困山区的面貌，首先要帮助山区的农民富起来，又要在富民的过程中把山区建设好，做到资源越来越多，人民越来越富，真正实现良性循环。实行生态农业，就完全可以做到这一点。我们帮助农民建设庭园经济和村寨经济，帮助农民建立各种生产基地，既能富民，同时又是在建设山区，培植资源。农民富裕后又能积极进行各种建设事业，上述石柱县黄水区农民的实践，已显示了端倪。这个端倪是极其值得重视的。

总之，生态农业更适合山区的需要。在山区，生态农业也更能发挥它的威力。从生态农业的角度看贫困山区特别是南方的贫困山区，就能看到它的优势和潜力，它绝不是国家的包袱，而是一块宝地，是平原不能生产的许多重要的林特产品的生产基地，也是保障江河湖库和广大平原的基地。没有富饶美丽的山区，就谈不上全国良好的生态环境，水土流失、水旱危害、江河湖库淤积等问题，就无法解决。现在山区贫困，主要是工作上的失误造成的，也是比较容易解决的。现在的贫困是现象，山区的本质是富饶美丽的。由此，不禁令人想起“山中何所有”的古诗来。陶弘景在回答南北朝时期，南朝齐高帝诏问“山中何所有”的问题时，写道：“山中何所有，岭上多白云。只可自怡悦，不堪持赠君。”这是隐士的浅见和偏见，只讲山中的一种自然现象，岭上多白云。其实山中的宝贝是很多的，不然山区为什么能养活这么多人呢？而且许多资源远远没有很好利用起来。应该这样描述：“山中何所有，遍地是金属，取之以其道，富国更富民。”我国多山，这不是我们的弱点，正是我们的优势所在，要善于活用这一优势。要用生态农业作为指导思想，来充分发挥这一优势。

三、应该有一个科学的综合发展规划

怎样才能实行用生态农业作为指导思想来改变贫困山区的面貌呢？又怎样才能坚持下去，不因领导人变更而改变做法呢？怎样才能改变“一个将军一个号”的局面并保证新来的将军也继续执行正确的方针和办法呢？这对于脱贫，对于现代农村建设都是要切实解决的关键问题。就贫困山区改变面貌来说，每个县应该制定脱贫的综合发展规划并具有法律效力，在一定时间内，不管谁主持县的工作都得执行。

为了制定这样的综合发展规划，应以县为单位组织科技人员和有经验的实际工作人员，在农业区划的基础上，进行综合研究，讨论，提出方案，交干部和群众讨论、修改，经县人民代表大会讨论通过，报上级批准后执行。需要改变，就得先提出新的规划并经过同样范围的讨论、修改、通过和批准。只有这样，才谈得上有计划地改变贫困山区面貌，才谈得上有计划地进行社会主义现代化建设。这是靠科学的最重要的一环，即在战略布局上靠科学。

这样的综合开发规划，其目标和开发速度，应该分两个部分，一是根据现有的和有把握得到的人、财、物力制定的目标和发展速度，这是有把握实现的，也是必须实现的；二是加上外力的目标和速度，这是争取的，有了就快一些，多了，就更快一些。这样，就一个县来说，就很主动，建设可以按计划进行，工作可以有计划开展，有了外力就更快。现在有些县的做法不是这样，而是做大计划，上大项目，但人、财、物、力不落实，听起来很宏伟，实际上应该做的工作反而冲淡了甚至耽误了。我们国家目前还很穷，支援穷困山区建设的费用就那么多，我们的重点应放在用好现有人财物力的基础上。我以为每个县坚持这样的指导思想是十分必要的，这是力争主动和提高工作效率的有效办法。

这种综合发展规划还应该运用农业系统工程的方法来制定，做到定量化并使各方面工作协调发展，还应该提出几种方案供比较和选择。这个方法从1981年以来，逐步在我国一些地方试行，效果还可以，已有一批县这样做了，正在做的也不少，不少地方积极性越来越高，运用范围逐渐扩大。对于中国式农业现代化、生态农业和农业系统工程三者间的关系，也有了新的认识，而且赞成的人多起来了。它们的关系是：中国式的农业现代化，核心内容是生态农业，主要方法是农业系统工程。值得高兴的是，搞农业现代化实验的主动用农业系统工程的方法搞规划，并以生态农业为主要内容。搞生态农业试验的，也积极采用农业系统工程的方法，搞定量化。搞农业系统工程实验的，也主动以生态农业为内容。一句话，三者合流了。也有不同意这种看法的，这不要紧，可以继续讨论和实践。

为什么这样强调每个县要有一个综合发展规划？这是历史经验和现实需要提出来的，不是哪一个人心血来潮随便想到的。

以历史经验看，“一个将军一个令”和“一个县只有县委书记懂农业”的教训，实在太深刻了，损失太大，决不能再继续下去了。但是，如果没有一个综合发展规划，换一个领导，他无规则可遵循就得另下新令，“一个将军一个令”的局面就无法改变，新领导一来就下令，要求他准确无误，是很难做到的。从历史经验看，一个县没有一个综合发展规划，在领导人不断更动的情况下，就谈不上有步骤，有计划地进行社会主义建设。

从现实需要看，有这样一些理由：

第一，农业非常复杂，山区的立体农业更加复杂，没有这样的发展规划，谁来指挥也容易失误，而客观需要又不允许再有过去那样的失误，实在经不起也不应该再折腾了。

关于农业的复杂性，请看一位系统工程专家的论述："农业是一个十分复杂的大系统，不仅因子众多，关系复杂，而且具有边界模糊、子系统之间接口无定型、系统弹性大以及追踪困难等特点。管理好这样的复杂系统，过去用老办法是根本不行，一定要积极采用农业系统工程的科学方法。这就是在唯物辩证法思想的指导下，将系统思想，开放系统思想、数学模型方法和计算机工具全面结合，对复杂的农业整体，采取多目标，多因子，多层次，多变量、多方案，多途径的综合分析，提出多种方案，供比较和选择。从一些这样做了的县来看，县级领导同志是欢迎这种办法的，因为不仅看到了问题的复杂性，而且懂得所选方案的优越性，信心大增，办法也多了。

关于山区主体农业的复杂性，我在武陵山区的湖北和四川看了部分山区县之后，也有了初步的体会。一座近 2000 米的高山，从山下到山上，在气候上差异很大。山下收小麦，山上的小麦还是青的。山下的苞谷已 1 尺 * 多高，山上的才出土，有的还在种。阴坡阳坡差异也大。农业、林业、牧业垂直分布，各种经济林，适宜高度也各不相同。没有科学的规划，谁能指挥无误呢？

总之，为了全面而协调地发展山区的农业生产，必须有一个综合发展规划。

第二，要改变贫困山区面貌，不仅要有农业，还要有工业、商业以及文化、教育和科学技术等等，而且都要协调发展。如何协调呢？没有综合发展规划，只凭领导说了算，显然是不适应的。目前为什么各部门自行其是呢？除了条条分割的原因外，没有这样的规划，也是一个重要原因。总之，为了协调各部门的工作，集中使用人财物力，为一个总目标——改变贫困山区面貌服务，必须有这样一个综合发展规划。

第三，"三年县长思想"又从反面提出了非有规划不可，不然大家打

---

* 1 尺 = 0.333 米。

快拳挖老本，最后就来个大崩溃，不堪设想。但谁也不负责，谁也抓不着，这是一种无政府状态。有了这样的发展规划，各部门主动按规划办事，有关职能部门做协调工作，不仅各方面的工作可以有秩序地进行，县的主要领导人也能摆脱日常杂事，有时间研究前进中的问题，推动全县的建设事业不断前进。现在这种几个人忙得要死，多数单位和人员等待指示和任务的状况，工作效率是无法提高的，实在不能继续下去了。我还以为作为县级的主要领导人，最主要的任务是调动大家出主意，想办法，从中选择较好的方案并组织实施，使大家的积极性不断高涨，工作活跃，生产和建设局面不断好转。而绝不是事事要由自己出主意和指挥，大家只能照办。从哲学角度看，前者是群众观点，后者则是英雄史观。

总之，治理和开发贫困山区，不实行总动员，没有一个综合发展规划，不持之以恒，是无法完成的。因此，组织科技人员和有经验的干部研究和制定综合发展规划，组织干部群众讨论，修改，最后形成有法律效力的决定，既是历史经验的总结和当前建设的需要，也是工作方法的重大改革，是靠科学的具体表现，是群众路线在社会主义现代化建设时期的具体表现。因此这是一个关系重大的决策，决不能等闲视之。由此可以懂得，那种轻视规划的思想，如说什么“规划规划，纸上划划，墙上挂挂”、“规划是规划，工作是工作”以及“规划是为了向上面要钱的”等等，都明显地反映出浓厚的手工业方式的思想方法，这种思想方法对于改变贫困山区面貌和进行社会主义现代化建设，实在太不适应了，太落后了。

为了实施这样的综合发展规划，县一级的权力应该加强，要能集中各部分的力量为实现规划服务，改变目前的“九龙治水”的局面为“一龙治水”。这是体制改革中要解决的大问题，应有专文论述，这里从略。

（《科学·经济·社会》1986年第6期）

加强贫困山区的研究与开发

一、山区建设在我国四化建设中的位置

1. 我国是一个多山的国家，山区面积占 70%。这部分地区不建设好，不仅农业不能稳定和发展，整个四化建设也不能顺利地进行，而且我们将陷于水旱灾害频繁这么一种严重的局面。日本有一条经验，叫做“治国在于治山”。前几年，胡总书记视察河北时就提出这个论点，说:“河北要翻身，要靠太行山。太行山不改变面貌，你河北就富不了。”就地理状况看，河北是一望无际的华北大平原，只有少部分是山，平原地区的富裕尚且要靠山，因此，对全国来讲，对南方地区七山一水二分田或者八山一水一分田的地方，恐怕这个问题更是如此。

2. 许多科学家讲，我国南北山区是全世界的一块“宝地”。这个地区资源丰富，雨量充足，气候温和，而且雨热同期，物产繁多。既是“宝地”就应该成为富饶美丽的地区。如何保护和发挥这块“宝地”的作用，是我们的一项重大任务。这块“宝地”，我们不能丢，更不能破坏，而目前破坏得很厉害，这是一个非常重要的问题。

3. 新中国成立以来，我国南方大部分山区受到很大的破坏，森林覆盖率急剧减少，水土流失面积不断扩大，流失程度也日益严重。有个资料说，长江流域的水土流失面积跟50年代比增大了一倍，致使山区的资源日趋减少，大江大河和湖泊受到严重威胁，泥沙淤积严重，汛期不断出现险情，造成重大灾害的事情不断发生。前几年，四川的大水损失很大，去年东北又是大水，这都与山区被破坏关系极大。这种情况再也不能继续下去了。

4. 全国十四片贫困落后地区都是山区，而秦岭淮河以南的南方占九片，以北占五片，64.3%的贫困落后地区在南方；从县数看，南方贫困县占81.4%（江西和福建等老区未算在十四片之内）。说明南方的山区又是“宝地”，又是穷地方。这个情况已引起了人们的极大关注。

5. 在1983年中央1号文件提出“三大前提”以后，山区建设就更为重要了。所谓“三大前提”就是：严格控制人口增长，合理利用自然资源，坚决保持良好的生态环境。我们要在这“三大前提”下，进行农业生产，进行农村改革和农村的各项建设。这是一个新的思想，新的战略决策。这“三大前提”就农业本身来讲，要从过去的恶性循环转变到良性循环。从人和自然的关系来讲，“三大前提”把人和自然的关系提高到一个新的阶段。人和自然界是一个协调的整体，要求协调发展。人是在生物圈里生存，你把生物圈搞垮了，人类也垮了。从这个意义上讲，“三大前提”提出了人类和自然界从对立转向一致的新思想。所以这是一个非常重要的理论，如果山区建设不好，还在那里继续破坏，全国70%的地区受到破坏，那就谈不上合理利用自然资源和保持良好的生态环境，这后“两大前提”就会落空。

对于后“两大前提”，我们各级重视不够。报纸宣传得很少。对控制人口增长，有具体指标，有硬任务。对怎么合理利用自然资源，怎么保持良好的生态环境，却没有一个标准。中央提出“三大前提”已经三年了，至今仍未引起足够的重视。现在“三大前提”写进了“七五”计划建议，而且把它作为四化建设的前提。有了“三大前提”，山区建设就大有希望。

总之，从现在起到2000年，在抓四化建设的同时，认真抓好山区建设，不论从哪一方面来说，都是十分重要的。新中国成立以来，山区建设中的失误，决不能再继续了。这是涉及社会主义制度优越性的大问题，涉及我国人民能不能治山和建设国家的大问题。因此，山区建设是全党全国人民的大事情，是总任务。把它仅仅作为扶贫工作是远远不够的，视为无可奈何的包袱，更是非常错误的。

二、南方山区中为什么贫困落后地区比较多

既是“宝地”，又是贫困落后地区，这是一个十分矛盾的现象。为什么贫困落后？答案很多。我以为主要原因有五条：

1. 以粮为纲对山区的危害比对平原更为严重。平原地区可以种粮，也可以种经济作物，只是收益多少的问题。山区就不一样了，山区不适合搞粮食，它的优势是多种经营。在山区开荒种粮，造成水土流失，以致资源日少，产量日低，耕地也减少，弄得无法维持下去。我们这次看到不少的地方，岩石裸露，开荒严重，如果这样继续下去，将来就有可能在“青石板上闹革命”了。

2. 长时期内我们的林木价格太低，使林农收入很少，失去了经营森林的积极性，森林的破坏，这是一个很大的原因。用对待国有林的办法来对待南方的集体林，使林农和林区处于长期贫困的境地。林农卖一立方米的木材，它的代价仅仅是它的运价，木材是白送的。卖大木头不如买枝丫，农民没有积极性，林区就遭到了破坏。

3. 在以粮为纲思想的指导下，山区的土特产资源，如油茶、油桐、乌桕、核桃、漆和各种药材等，产量大减，长期达不到历史最高水平，大大减少了山区农民的收入。这种做法是扬短避长，与自然规律对着干，当然要碰得头破血流。

4. 我们有许多领导同志不认识、不尊重山区的特点，在具体指挥上失误太多。比如在鄂西我们看了海拔 1700 多米的大山顶牧场。这个牧场是

1983年才兴办的。兴办前该牧场经过了几次大的折腾，第一次是种糖萝卜，搞糖，气候寒冷，种糖萝卜失败了；第二次是飞播华山松，也因为气候寒冷，只有生态效益，没有经济效益，也失败了；第三次以粮为纲，那就更糟糕了。到1983年才找到了种草养畜这条路子。现在种草是成功了，上面要他们发展奶牛，还要搞奶粉厂，而且要配套才给钱，所以他们又搞了个奶粉厂。现在奶粉厂搞起来闲着，等奶牛发展起来，这个奶粉厂也许报废了。像这样的情况是不是仅仅只有一个大山顶呢？别的地方有没有？就是说方向对了，具体路子对不对？你们可以好好检查一下。这个问题必须弄清楚，像大山顶那样，具体的路子不对头，农民当然要受苦啦！

5.“一刀切”的各种规定和办法，不适合山区情况，为山区造成很大的困难。如教育、卫生经费，山区与平原一个标准，山区就吃不消。山区居住分散，教师当然应该多一点，少了就不行。医生和医务人员的比例也是如此。而现在是同一个口径，多少学生配多少老师，多少人配多少医务人员，这样，山区的教育与卫生事业当然就比平原落后了。如果原来落后，那么就造成更加落后的局面。行政经费也是一个样。边远山区到省里开会，路费就多一些，打电话费也多一些。同样的费用在山区就不够用。汽油按汽车配油，山区与平原也是一样。我们这次就深有体会，在山区一上一下，用的汽油比平原多得多。车子也坏得快一些，在平原可以跑10万千米，在山区8万千米也跑不到。类似的例子很多，多了，山区就受不了。

三、生态农业及其对于山区建设的特殊重要意义

生态农业近几年有了一些发展。这种农业是一种科学的人工生态系统，它具有整体性、系统性、地域性、集约性、高效性、调控性等等特点，力争生物量最高，光合作用最合理，经济效益最好，生态平衡最佳等等目标。它是多层次的，小到一个乡、一个农户的具体安排，大到一个县、一个地区的农业布局。

概括的讲，搞生态农业就是两个方面，第一方面就是我们所讲的大农业，即农、林、牧、副、渔协调发展，把管辖境内的耕地、林地、牧地、水面等全部的土地充分合理地利用起来，消灭裸露，尽可能多地把太阳能转化为生物能，求得最佳的生态、经济、社会三个效果。我国的农业用地是 106.5 亿亩，耕地和水面共 24 亿亩，其余 82.5 亿亩的土地都是林牧地，所以林草建设在我国有特殊重要的意义。第二方面是建立农作物秸秆和其他副产品的循环利用系统，实行无废物生产和无污染生产，这就是把农副产品多次加工、利用，多次增值的系统。

生态农业对于贫困山区改变面貌，有它特殊重要的意义：

第一，生态农业可以改变过去的掠夺资源为培植和合理利用资源。

第二，可以把过去的恶性循环，逐步转化为良性循环，使资源越来越多。

第三，生态农业可以建立清洁食物基地，为城市和广大人民提供清洁食品，同时保持山区的清洁而舒适的环境，成为优美的游览区。

第四，生态农业还可以把富民与山区建设统一起来。

第五，可以利用山区立体农业的特点，因高制宜，发展各种生产，使山区生产由单一走向多样化，充分发挥山区优势，为国家和城市提供丰富多彩的产品。

第六，还可以充分利用山区居住分散的特点，把建设庭园经济与美化环境结合起来，使所有居民点既是一座小果园、又是一个多种经营的场所；既可以利用半劳动力创造财富，又可以使人生活和生活环境更加美好。

四、各县应该制定一个有科学依据的综合发展规划

怎样搞生态农业？怎样坚持下去持之以恒呢？这个问题要切实解决，不然还是在空喊口号。我认为每个县特别是贫困山区县首先应该组织科技人员在农业区划的基础上进行研究，制定一个有科学依据的综合发展规划，经过广大干部群众讨论修改后，由县人大通过决议，使规划具有法律效力。

在一定时期内，即规划实现以前，不论谁来当领导，都要执行这个规划，以保持建设的持续性。如果要修改，那就得先提出原来的规划哪些地方是错的，你的规划比原来的规划高明在什么地方，经过同样范围的讨论、通过以后才能修改。在未通过以前，任何人不能随便改。只有这样，才能谈得上有计划地进行社会主义建设。

这种规划要用农业系统工程的方法来制定。由定性进入定量。这个方法，从 1981 年以来，逐步在我国试行，现在已有 100 多个试点县，效果还是好的。现在他们已把农业现代化、生态农业、农业系统工程三个方面统一起来。三个方面的关系是：中国式的农业现代化，其核心内容是生态农业，主要方法是农业系统工程。

关于发展规划中的速度和目标，最好分两步走，一是根据我们现在的人力、物力，根据实际情况，确定我们的发展速度；二是设想有外力投入的情况，那么速度就可以加快一点。按这样规划的发展速度才是具体的实实在在的速度。我们强调这样的发展规划，主要有以下理由：

一是农业复杂，山区的立体农业更复杂，没有这样的规划，谁来指挥，也容易失误，这样的“学费”不能再交了。

第二个理由，如果没有规划，领导一换，县委书记一换，又重来一套，因为前面的将军没有留下具体的规划，后来的将军当然要指挥、下命令了。要解决一个将军一个令问题，就要有一个规划。

第三个理由，只有大家讨论和决定的规划，大家才能决心执行，才有实现的可能性。个人制定的东西特别是不适合的东西，那就是“人走茶就凉”，不能坚持下去，即使是对的，换了领导也不能继续下去。

第四个理由，有了规划，才能够检查建设的速度和各项事业发展的进展情况，推动四化建设。

五、加强县一级的权力，变“九龙治水”为“一龙治水”

有了科学的综合发展规划，就要组织力量切实推行，以推动全县经济和各项事业的发展。为此，县一级的权力，就要比现在大大加强。现在县里面临的最大问题就是管理，即组织工作、放权问题。现在是一个极为有利的时机，党中央抓山区特别是贫困山区的问题了。我们要抓住时机，选择几个县试点，取得放权和变“九龙治水”为“一龙治水”以加快建设速度的经验。这件事做好了，功德无量。现在，下面等上面给办法，上面等下面出经验怎么行？只有共同起来创造，才会有办法。我想，搞几个点试验试验是有好处的，如果取得这个经验那就非常好。放权虽然很难，但非放不可，非解决不可。在山区搞几个点，搞出点好经验、好典型来，这样是有好处的。

（《农林经济》1986年第8期）

希望在山区

人们都在思考、议论、探讨我国农业面临严峻的形势和出路问题。人口在继续增长；耕地在继续减少，而耕地的后备资源有限；水资源不足，发展水田和水浇地受到很大限制，城市闹水荒，又将进一步影响农业用水，《人民日报》发表了《中国：水危机》的报告文学（1988年6月26日），很全面地讲了这个问题；仅靠耕地解决人民生活和经济建设需要是困难的，使8亿农民富裕起来，难度就更大。出路何在？十三大政治报告指出："总的说来，我国农村还处在开发时期，许多资源还没有合理利用，潜力很大，农林牧副渔各业和乡镇企业的发展前景都是十分广阔的。"如何理解开发时期，如何理解潜力很大，又如何利用很大的潜力来解决严峻的农业形势，对这些问题应认真具体地分析和探讨。

一、潜力在山区

现在应该明确指出"潜力在山区，希望在山区"的问题。

这是因为，第一，耕地有限，仅依靠耕地农民富不起来。耕地是重要的，也还有潜力。目前我国人民的衣食所需，轻纺、食品工业的大部分原料，主要依靠耕地供应，今后也仍然要它供应。耕地是前进的基地，任何时候也不能忽视。但是，单靠耕地又是远远不够的，今后更是如此。特别是广大山区耕地更少，仅仅靠耕地，连脱贫也很困难。

第二，山区居高临下，既是生产基地，又关系平原的安危。我国是个多山的国家，山区（包括丘陵区）占国土的70%，以山区为主的县1481个，超过总县市数60%，人口约占总人口数的40%左右。它不仅本身就是多种产品的生产基地，直接养育着山区人民，还保障着平原并为平原提供水资源、竹木资源和其他多种资源。不经营好，许多生产潜力发挥不出来，山区人民富不起来。如果山区继续遭受破坏，平原将进一步受到威胁。现在威胁已相当严重，如山洪暴发石，泥石流危害，河库淤积，木材、中药材和一些土特产品短缺，等等。

第三，经营山区的经济效益也是极佳的。我国山区的资源是富饶的，特别是广大南方山区被称为全世界的一块宝地，雨量充沛，气候温暖，而且雨热同期，动植物种类繁多，可以建立许多产品的生产基地，提供大量的商品和财富。目前广大人民生产所需的许多产品，如竹木、茶叶、水果、干果、药材、土特产品以及一些工业原料等等，都是山区提供的。认真经营起来，品种和数量都能大量增加。一些地方的实践已证实了这一点。

有人说，这在理论上讲是对的，实际上却是幻想，至少是很遥远的事情。现实是山区很穷，并正在遭受着破坏，开发难度很大。在目前情况下，国家财力有限，顾不上开发和治理山区，只能老老实实地经营耕地，以解决当前农业的严峻形势。值得注意的是，这个论点有很大的代表性。

目前，山区确实比较穷，并且继续遭受着破坏，形势是严峻的，甚至是十分严峻的，下列数字可以说明这一点。

（1）水土流失面积在扩大。长江流域的水土流失面积，现在比新中国成立初期增加了一倍左右，由占总面积的20%上升到40%左右（这是《人民日报》公开报道的数字，另一材料说，50年代为36万平方千米，现在为56万，前者20%，后者占31.1%，即增加了50%以上）。

（2）泥石流的活动范围和危害程度，同期内也增加了一倍左右，直接威胁着200个县城、17条铁路、山区大量公路以及厂矿、农田、村庄。

（3）南方集体林区提供木材的县，现在比新中国成立初期减少了42%即118县。

（4）全国18片贫困地区都在山区，而且大部分在南方山区，就所属县数来说，占到75%，这是山区遭到破坏的集中表现。

但是，由此应该得出什么结论和采取什么措施呢？且听听专家学者们的意见。关于水土流失问题，他们呼吁："对这一关系整个民族生存发展条件的大事，到了认真抓的时候了。"关于林业，他们严肃指出：按现行政策运行下去，公元2000年后，我国森林资源将出现崩溃的局面。关于生态环境，他们呼吁："应将我国环境保护指导思想从污染防治转向整个生态环境的保护。"第一部来自民间的环境宣言——"乐山宣言"大声疾呼："中华民族只有一块华夏土地，为了我们民族的生存和发展，保护和建设好我们的家园吧！"这些呼吁集中起来主要是一个开发和治理山区问题。山区建设好了，水土流失、森林资源衰退、泥石流危害等等就解决了，生态环境恶化问题也大部分解决，只余下一个工业和城市产生的污染问题。所以，山区是矛盾的集中点，开发和治理山区是解决矛盾的核心环节，是治本的根本措施。

山区的潜力有多大？且看以下统计数字：我国林业用地40亿亩，其中有林地占43.2%，无林地占37.6%，其余为疏林地（6.4%）、灌木林地（10.4%）和未成林造林地（2.1%）。由于我国把郁闭度0.4~1.0都算有林地，因此有林地中空隙地很多。即是说，林业用地中约有25亿~30亿亩没有很好利用起来，这就是在山区到处可见的荒山、荒坡和残林迹地，光热资源长期白白浪费着。此外，南方山区还有近10亿亩的草山可以利用，当然也需要改造。

利用这些土地难吗？利用起来作用不大吗？且看看杭州市5个山区县的实践经验。近几年来，他们把经营低丘缓坡作为发展农业的突破口，取得了明显效果。他们人均耕地仅有5~6分*，只能保粮、油、菜，解决吃的，而高度在250米以下的低丘790万亩，为耕地的两倍多，其中坡度25°以下的缓坡390万亩，也多于耕地。这部分土地经营起来的不多，经营好的更少，潜力很大。他们集中力量在缓坡上经营经济林木，有的已见效，有的即将见效。干部和群众看到了前景，积极性愈来愈高，开发规模愈来愈大，一片喜人景象。这样经营，一举解决5个问题，综合效益非常明显。第一，增强农业后劲，对增产粮食更为有利。茶叶、蚕桑、食用竹笋、鲜果、干果、药材等生产基地逐步建立起来，等于新开辟一个农业生产基地，产品和财产大增。不仅腾出耕地搞粮食，还能生产相当数量的木本粮油。第二，建立强大的创汇农业基地。上述生产基地中，茶叶、食用竹笋、板栗、青枣、蚕桑、油桐、生漆、药材等等，其产品大部分可以出口。第三，为城市提供大量清洁食品。除上述品种可以一部分供应城市外，还有水果、山地蔬菜、山地西瓜、兔肉等等。第四，为城市人民创造一个优美的旅游和休息环境。有些地方，已是风景如画，加上产品丰富，游人还可以兼营采购业务。第五，把发展生产与建设山区结合起来。由于经营的是多年生经济林木，既是生产地，又是林地，还是花园，同时完成了绿化、美化、富化任务。由于青枣、板栗、漆树、银杏、油桐等陡坡也能种植；又引起人们经营陡坡的兴趣，对250米以上的山地也开始经营了。前景将是整个山区土地资源的全部合理利用。这实际上是在建设山区。乡镇企业，特别是农产品加工工业，也随之发展起来。它们的实践还显示了另一个特点：山区是清洁的，不受别人污染，完全可以清洁食品取胜，这是平原、特别是大中城市郊区所无法相比的。由此可以懂得“潜力很大”的意义和“开发时期”的真谛：跳出耕地的小圈子，认真经营山区（当然也要经营草原和水面），开辟新的生产领域，增加新的经营内容，真正实现向生产的广度和深度进军，把我国农业推进到一个新的阶段。在我国，有杭州市山区县类似条件的山区，可谓比比皆是。

*1分＝0.0667公顷。

这样做难吗？要大量投资吗？主要是劳力和技术投资，当然也要一定的资金和物质投入。只要解决了认识问题，各地都可以行动起来。由于各地资金和技术力量不一样，速度当然有快有慢，但不能这样做的地方恐怕是没有的。

二、新的觉醒

安徽省大别山区是有名的贫困地区，全国 18 片贫困地区之一。现在人们经营山区的积极性起来了，并取得了可喜的成绩，使人感到山区人民有了新的觉醒，认识庐山真面目了。

以金寨县为例，这是一个具有 58.6 万人口，总面积 572.1 万亩的山区大县，耕地只有 33 万亩（占总面积的 5.77%），人均 0.56 亩，搞粮食确有困难，自给是很不容易的；人均山场则有 7.34 亩，发展经济林木则有广阔天地。县里同志认识到这一点，集中力量在山场方面做文章。1983 年提出以林为主、林农结合、多种经营、全面发展的生产方针，提出“三年打基础、四年迈新步、三年开始富”的十年奋斗计划，大抓四大支柱产业：蚕桑、茶叶、板栗、麻类。到 1987 年底，桑园面积达 7 万亩，养蚕收入 1100 万元；茶叶 6.5 万亩，产量 3.5 万担 *，同时抓名优产品，产值 1000 多万元；板栗 1984 年开始大量种植和嫁接野生毛栗，已达 1000 万株以上，千亩以上的片已有几十片，以 40 株 1 亩计，合计达 25 万亩以上；麻类，10 万亩，产值 2000 多万元。除板栗外，都已初步形成系列生产，生产不少产品。板栗进入盛果期以后，年产量将达 1 亿斤以上，产值可达 1 亿元以上，相当于现在的农业总产值（1987 年为 1.2 亿元）。四项合计，面积为 48.5 万亩，人均 0.83 亩，目前仍继续发展。和县里同志探讨后，一致认为经营好人均 1 亩经济林才能稳定地脱贫，3 亩以上即可致富。价格放开后，人们经营速生丰产杉木林的积极性也起来了。此外，这几年连续封山很有成绩，水土

*1 担 = 50 千克。

流失问题已接近解决。特别令人高兴的是，发展板栗已成为群众性的行动，根本不用什么补助，只要供应良种苗木，教给嫁接技术和防止病虫知识就行了，下一步还有一个保鲜问题，有关业务部门是完全可以解决的。这个县不仅脱贫在望，致富的门也已打开。他们唯一的要求是放点权，让他们将本地产品加工成商品出售，不再低价调走全部原料。目前仍在低价调走，实际上仍在抽血。

舒城县河棚区是有名的板栗之乡，位于浅山区，原有板栗树6000亩，现发展到3万亩，计划达5万亩。如作为板栗基地经营，可以发展到10万亩，条件是补助20万元加快经营种苗供应群众，三年即可完成（省科委主任已表示支持这项试验）。该区人口不足10万，总面积58万亩，山场40万亩，以四分之一山场集中经营板栗是可能的。完成计划后，此项产品（包括加工）的收入即近1亿元，人均千元。我们在该区沿途看到，村村山山都有小片板栗林，显示出板栗之乡的丰采，实在喜人。

六安地区主管农业的副专员周蜀生同志介绍，地委和行署要求山区县于1990年实现人均1亩经济林，作为脱贫的条件，并组织好产供销一条龙，这又带动乡镇工业的发展。他也认为山区致富有赖更多的经济林，还提出要改变丘陵地区小丘陵的利用状况，主要搞经济林基地，即使作为薪炭林，目前的松林也不是最适宜的。地区领导重视山了，这是极好的信息。

来自云南的信息也是喜人的。人们已认识到发展经济林果是振兴山区经济和脱贫致富的突破口。云南有经济林树种200多种，现有经济林面积1350万亩，年产值近6亿元，年创汇100万~1000万美元的，有核桃、茶叶、松香、桉叶油、盐水笋、香料油等品种。大理州已建立17个名特优经济林商品基地，如漾濞县的大泡核桃已成为外贸出口的传统产品，现有2.1万亩，计划到1990年发展到5万亩；洱海县的梅子已发展到3万亩，加工业随之兴起。曲靖地区的寻甸县今年建成了5000亩板栗林基地。泸水县的林业“两户”已达258户，其中油桐重点户61户，漆树重点户87户，核桃重点户25户，热区水果重点户83户（以上均见云南《农村经济信息报》第190

期)。这些点滴信息反映的也是一种新的觉醒：人们心目中有了山，有了经济林，并把它们与脱贫致富结合起来。这是一个由小农业思想境界进入大农业思想境界的大变化。这个变化其实也是很自然的，山区扩大耕地不可能，还得退掉一部分耕地，发展粮食生产潜力不大，发展经济林木则天地广阔，有传统经验，投资不大，三个效益都好，为什么不走这条路吗？

北方山区如何呢？与南方山区一样，新事到处涌现。真是“天涯处处有芳草”。现举太行山区的两个例子为证：一是邢台县前南峪村的生态经济沟建设；一是赞皇县的大枣热。

河北省邢台县前南峪村的生态经济沟建设，展示了山区建设的宏伟前景。这个村现有 343 户，1200 人，总面积 8300 亩，人均 6.9 亩，其中耕地 742 亩，人均 0.62 亩。这里是该县兴林致富的典型，而且是全县最富的村。1969 年开始搞山区建设，当时是“三靠”队，吃统销粮 18 万斤，生活贷款 3 万元，粮食产量 27 万多斤。1987 年总收入 2.8 万元，粮 91 万斤，人均 758.3 斤，果品 85 万斤（其中板栗 14.5 万斤），人均 708.3 斤。人均收入为 1500 元。从 1969 年开始，先以三个冬春时间，造林 4700 亩，1971~1975 年修滩地和水利，1975 年开始治理 10 条沟，大种经济林，结合搞工程（打堤和修塘）。1985 年开始，用积累的资金搞小工业。现搞专业承包，林业 100 多人，农业 20 多人，牧业（养牛和兔）30 多人，工业 200 人。请来一位板栗专家，指导生产，推行 5 项技术（嫁接，自然落果，矮株密植，喷微肥，治病虫），亩 40 株，株单产 37.8 斤，亩产 1500 多斤，经济效益很高。经济沟布局合理，底层是水果，中层是板栗，顶层是槐树，红果树则见缝插针，全部土地都用起来了。专家们称之为生态经济沟，并以为这是小流域治理思想的新发展，是太行山开发的根本途径和基本单元。这个总结是非常重要的。今年雨水大，但生态经济沟基本上水不出沟。这样保土保水保肥，只要技术指导跟上去，年年可以丰收，进入了良性循环。我们由沟底看到山顶，又在山顶上俯视，用材林、干果、鲜果排列合理，池塘分布其间，风景极佳，令人心旷神怡，疑是进了桃源仙境。他们以不到 20 年时间，即变穷为富，居全县首位，而且未吃偏饭，是村干部领着干起来的。这期间，班子稳定，党支部书记始终未换人，坚持长期建设，其经验值得认真学习和推广，给人们的鼓舞就不用说了。

赞皇县的大枣热及其成果，为干旱的浅山丘陵带指明了出路。这个县位于太行山东侧的丘陵浅山区，总面积832平方千米，人口不足20万，耕地28万亩，山场69万亩，是个山区小县，水土流失严重，干旱少雨，土地瘠薄，农业生产低而不稳。1983年决定积极发展大枣。当时有枣树64万株，产量240万斤，计划搞到1000万株、3000万斤。从这以后，枣树热在全县兴起，而且愈来愈热。1985年，县人代会决定立枣树为县树，今年已超过2000万株，产量1500万斤（有产量的约300万株）。计划也扩大了：要建设成片枣林20万亩，并实行小株密植，加上零量的共达3000万株。公元2000年时，产量可能达到2亿斤。该县产的是有名的优质大枣，今年青枣0.94元1斤，干枣4.8元1斤。1987年全县工农业总产值为2.1亿元，公元2000年时，青枣的产值即可超过此数，更不用说加工后的产值了。大枣将成为该县的拳头产品。

该县作出发展大枣的决定后，采取三条有力措施：一是抓发展，一面训练农民技术员，并组织酸枣的嫁接工作，要求一年嫁接500万株（该县共有酸枣资源约3000万株；一面集中连片整地栽种，一年种3万~5万亩。二是抓管理，从河北农业大学及其他院校请来几十名科技人员，从育种、嫁接、施肥、管理到加工，环环培训农民技术员，并严格按操作规程办理。由于抓管理就是抓产量，抓经济效益，效益极好，现已成为农民的自觉行动。三是抓加工，现已可加工蜜枣、乌枣、脆枣、枣罐头、玉枣（脱皮去核）、枣泥、枣酱、枣酒、大枣滋补精、饮料等项，一批乡镇工厂随之兴起。短短几年一个新兴产业就兴旺发达起来了。

随着枣树在这片干旱瘠薄土地上的发展，这里不久将是一片茂密的枣林，既能蓄住雨水，枣叶又能逐步改良土壤，加上有机肥的增加，这片土地将恢复青春。因此，这又是极重要的生态环境建设，并为进一步发展生产创造条件。

该县并不只抓大枣，而是以枣为主，“三枣加一桑，核桃、板栗、红果一齐上”，实际上苹果与桃也发展很快，做到了因地制宜，适合搞什么就搞什么，把全部土地利用起来。

林业专家们告诉我：太行山上到处都是酸枣树，能发展的经济林也很多。赞皇的成就会推动其他县也大干起来。许多县委领导人都带着乡干部到赞皇和邢台参观学习。太行山将掀起一个经济林建设热潮。

对于杭州市5个山区县大力经营低丘缓坡，看不起山区的人们还可以辩解说，富裕山区可以做，贫困山区温饱问题还未解决，不可能这样做。现在贫困的大别山区和云南一些山区县也这样做了，规模相当大，并且不要国家多少投资。太行山的一些县也做出了成绩，也是在贫困条件下做出来的。面对这些实例，他们还能说什么呢?

三、认识落后于实践

当前恰恰在于人们的认识问题没有解决，在研究我国农业的出路问题时，目中无山，只在耕地里打圈子，因而也只能走老路，没有什么新招。我举两个有代表性的论点。第一，一篇文章明确提出我国的山地和草原生产力很低，10亩不顶1亩耕地，对它们不能寄予多少希望。第二，一篇研究我国食物发展战略和途径的报告指出，经过进一步挖掘潜力，我国山区到公元2000年时，可以为每人提供食用油2斤左右和各类干果10余斤。两者的结论是一致的，对山区不能抱多大希望。其必然的结论则是只能依靠耕地，继续在耕地里打圈圈，希望耕地能产生戏剧性的变化。更值得注意的是，实际工作正是这样部署的。这样的认识和实践无疑将加重农业的严峻形势。

山区现在很穷和生产力水平很低，是多少年来掠夺和破坏的结果，绝不是天生就低并永远要低下去。试想一下，新中国成立以来对山区的投入是多少，对山区采取了什么样的生产方针，有多少机构和人员研究山区问题。山区修了许多水库特别是大型水库，这是很大的投入，但水谁用了，电谁用了，在一个长时期内，而库区移民未安置好的却仍有1000万人之多。还修了不少森林铁路，拉走了大量木材，却留下许多残林迹地，情况也好不了多少，把政策失误造成的结果又作为不能依靠的原因，这是逻辑上的颠倒。偌大的山区真的只能为每人提供2斤食用油和10多斤干果（即木本粮油）吗？我国的木本粮油植物很多，山区人民也有经营的习惯和经验，认真筛选一批，加以培育和改良，不难找出高产优质的好品种来，建立基地经营，就可以大批量生产。中国科学院综考委南方山地综合科学考察队指出，南方山区适合种板栗的荒山荒坡有4.5亿亩，亩产可达900斤。如果组织力量选育良种（各地都有一些良种），传授防治病虫、加工、保鲜技术，认真经营好1亿亩，按亩产600斤计，总产可达600亿斤，按现价1.5~2.0元一斤计，年产值可达900亿~1200亿元。这是创汇产品，并且很紧俏，国内市场也是紧俏的。它既不要解决水利设施，也不要平整土地，比起开垦耕地来，投资省得多，而且效果则大得多，难道不值得经营吗？据知情者讲，由于病虫害原因，意大利和美国的板栗受到了毁灭性破坏，现在是我们占领国际板栗市场的大好时机。加上枣子、柿子等可以大量发展的木本粮食作物，如果经营起2亿亩，情况又如何呢？人均干果是多少呢？关于发展大枣，赞皇县已为我们做出了榜样。1986年春，湖南省一位老领导对油茶林提出了新论点，认为油茶完全可以做到生产快、挂果早、产量高、效益好，发展油茶大有可为，并认为是湖南省一项特有的资源优势。专家们也提出油茶亩产油可达50~60斤。但长期处于半荒芜状态，亩产油仅5~6斤。我国现有6000万亩油茶，难道不应认真经营起来吗？沙棘一向只作为水保的小灌木，现在成了高级饮料作物了。山区更是中药材产地。至于发展水果、茶叶、蚕桑等的潜力就更不用说了。南方发展饲料林以发展牛、羊、兔的问题，专家们也提出来了。山区资源极为丰富，由于长期没有下力研究，不认识的东西还多着呢！它是一块被破坏的又是待开发的处女地。

四、重新认识山区

这样，就提出重新认识山区的问题。

首先，要真正弄清楚山区穷的原因。山区为什么穷，为什么科学文化落后，仅仅推之客观条件是不准确的。如果真的是客观条件造成的，则较快脱贫就办不到。如果能较快地脱贫，则说明主观原因起决定作用。因此特别要把主观失误的情况弄清楚。对此不仅不应回避，而且应下一番切实的工夫。前事不忘，后事之师，不弄清过去的失误所在，好的发展战略和有力措施是提不出来的。其次，要认真探讨山区在我国四化建设中的地位和作用。一个贫困并继续被破坏的山区能保证四化的顺利进行吗？日本人得出的“能治山者才能治国”的论断，是值得重视的。那些“七山一水二分田”、“八山一水一分田”的省份，不治好山，仅靠二分田或一分田，能有多大作为呢？其三，要认真研究山区生产的复杂性，制定一个科学的符合各地山区情况的生产方针。山区是天然的立体农业，而且是“立体、层次、复合”农业，条件多样，气候多变，农业布局极为复杂。我国幅员广大，东部和西部山区，南方和北方山区，差异极大，各有不同的条件，生产内容和布局也应很不相同。要分别不同山区，具体研究、制定不同的发展战略和规划。在这一方面，要下苦工夫。几年来，许多研究单位在从事这项工作，取得了可喜的成果，各地应该充分运用这项成果于实际生产和经济建设中去。这就是决策靠科学。其四，山区县要根据上述有关研究成果，结合承担的任务，制定一个综合发展规划，把各项生产和各方面的工作协调起来，有计划地组织实施。一个贫困县由贫困到富裕，进入先进行列，要有二、三十年的时间，要经过六、七届甚至十几届政府的连续努力，没有一个可供大家遵守的规划并严格执行，是无法坚持下去的，甚至无法解决经济建设中的混乱状态。所以，要努力制定这样的规划，由县人代会通过形成有法律效力的文件，在一定时期内，新来的领导人也得继续执行，改也要经过严格的程序。只有这样，贫困山区才有可能改变面貌。这项工作应视为山区县的基本功和必修课，要尽快完成。

五、林草是基础

林草建设是山区建设的基础，是山区各项生产发展的前提条件。这是因为：

第一，山区土地资源虽多，但扩大耕地的可能性很小，有些山区还得退耕一部分（有个材料指出，全国山区约有近亿亩需要退耕）。现有土地资源只能造林或种草，只有用林和草才能把山区土地资源利用起来，发展第一性生产，为发展养殖业和加工工业创造条件。

第二，我国林草资源丰富，品种繁多，完全可以把山区各项土地利用起来，创造财富，为提高人民生活水平和四化建设服务。要充分利用这个优势。《当代中国的林业》一书指出，我国有木本植物8000多种，其中乔木2000多种；我国是竹类资源最多的国家，有30个属，300种以上；世界食用油为主的油料树有150种，我国就有100种左右，有80多种树木的果实，种子含油率达51%以上；木本干果树有400多种；芳香植物有300多种，其中木本的100种左右；药用植物有3000种，其中常用的500多种；还有众多的野果资源和山珍野味；蜜源植物也很多。我国牧草的种类也很丰富，据不完全统计，禾本科牧草有210属、1200种，豆科牧草139类、1130种，合计2330种。用这些林草资源来覆盖我国的荒山荒坡和一切裸露土地，将为我们祖国增加巨大财富和极多的营养丰富、美味可口的食品。有句古诗说："世间多少闲花草，无补生民也自惭"。其实，该惭愧的不是花草，而是我们自己，有这样多的林草资源，又有大量未利用的土地资源，还有充足的劳力资源，如果不能利用来为人民服务，实在愧对人民，愧对祖国！当然，也愧对林草。

第三，造林种草覆盖荒山荒坡，还能产生一系列积极效果：山上蓄水保土，林草丰茂，产品将大增，既可出口创汇，又可为城市提供清洁食品和生活用品；清水缓流，保障江河湖库，保障平原生产；整个生态环境进入良性循环，水旱灾害将大大减轻；山区第一性产品大量增加后，养殖业和加工工业就能较大规模地发展起来，整个山区就能实现绿化、美化、富化。所以说，林草建设是林区建设的基础。看不起林草的人，说明对山区无知，至少仍是小农业思想在作怪。

我们应该有大林业的思想。林业应该包括草、灌、乔，包括用材林、经济林、木本粮油林、饲料林，以及药用植物、芳香植物和牧草。要着眼于把山区全部土地合理利用起来，生产各种财富。绝不能只看到乔木，更不能只考虑大木头。我们的林业概念要更新，林业经营思想要革命。要把发展林业与山区建设结合起来，使“发达的林业，是国家富强、民族繁荣、社会文明的标志之一”的科学论断，真正在中华大地上实现，使林业在山区建设起到先锋作用，并使大林业思想大放异彩。应该看到我国农业用地中，有 77.5% 只能造林和种草，林草资源又这样丰富，没有新的林业概念和经营思想，是完不成承担的任务的。在这个改变中，林业科研部门担负着极重要的任务，不仅理论上要创新，实践上更要拿出样板说服领导和人民。

现在的大林业范围，分属几个部门经营，如茶叶、蚕桑、鲜果属农业部门经营，“牧草属畜牧部门经营，药材属医药部门经营，芳香植物不少部门经营，橡胶属农垦和农民经营。还有许多资源无一定经营部门，仍在白白浪费着。经营范围上的分工，不应影响战略布局上的统一考虑。森林是陆地生态的主体，林业是山区建设的主体，林业经营思想应以整个山区建设为前提，统一考虑和提出方案，供领导机关和其他部门参考，作为统一安排和协调的基础。林业部门首先做好应做的工作，为其他部门的工作创造有利条件。这是山区建设的需要。

六、从更大的范围思考一下

9 月 17 日的《光明日报》头版头条刊登了《洞庭湖之忧》一文，讲到湖区安乡县6年间迁出4.6万多人，有两年人口净增率呈负数，原因是负担沉重（平均每年每个劳力要在防汛中投工100个）和安全感越来越小。记者感叹地说“祖祖辈辈生活在洞庭湖畔的人民现在竟谈水色变了”。这使我回忆起80年代初湖南桃源县山区干部发出的“两个不得了”的呼声。一是这样在山上搞粮食，破坏植被，山区人民将无法生活下去，而要出外逃荒；一是完不成粮食生产任务，干部又要受到责备。干部为自身计，只得牺牲前者。又联想到黄土高原一些地方，因山区生产条件破坏严重，已无法维持生活，只得迁出一部分人口到川区安置（当地叫“吊庄”）的情况。山区和湖区出现的这种情况，勾画出一幅什么样的可怕景象呢？提出什么样的新问题呢？值得深思！

安乡县的人口外流，还使我联想到《北京晚报》9月16日关于“我国湖泊水质污染日趋严重”的报道。它说，我国“在35个有代表性的湖泊中，17个受到不同程度的污染”。“据专家们预测，到公元2000年时，我国2800多个大小湖泊将有1300多个处于较重的污染之中，即使目前尚属较清洁的洞庭湖、鄱阳湖等明珠，也将黯然失色”。那时，湖区人民的负担和不安全感又如何呢？

不建设山区，湖区保不住，湖区人民要外迁，当然不会进山安居。不建设山区，山区人民能安于山区吗？一些山区的姑娘不是已嫁到山外去了吗？他们又往何处去呢？从这里可以进一步懂得建设山区的紧迫性。不建设山区，我国人民将无立身之所，“球籍”也就难以保住，问题就是这样摆在我们面前。

其次，经济建设如果只考虑经济效益而不考虑其他两个效益，仅水污染一项就将使大江大河两岸和湖、库周围地区人民无法安身。白洋淀在蓄上水的喜悦中不是又伴随着污染的忧愁吗？又岂止一个白洋淀！更不用说城市周围的污染区了！所以，那种只讲经济效益的经济建设思想，只顾自己不顾国家和人民，后遗症十分严重，因此应该受到严厉批判。先污染后治理的思想是它的表现形式，也不应有立足之地。一定要树立经济效益、生态效益、社会效益三个效益结合的经济建设思想。我们要心怀全局，有战略眼光，从更大的范围考虑问题。

总之，我国农业的后劲在山区，四化建设要顺利进行也需要治理好山区。多山的国家如果目中无山，平原小又只依靠平原，这是一个致命的错误。现在到了统一认识的时候了。为了统一认识，有一个大宣传、大讨论的工作要做，以破除人们对山区的老概念、老看法，树立新概念、新看法。

山区不仅要绿化、美化，还得富化，不富如何能使人们长期生活在山区。富化是完全可以做到的，资源是丰富的，劳力是充足的，又积累了经验，创造了典型，认真经营起来，引进先进技术，培训人才，实行产品深加工，组织产供销一条龙，就可以做到。如能引进资金，就能更快一些。当然，政策上要给以支持，改变其只提供原料的状况，坚决纠正只取不给或多取少给的做法。

有首古诗说："山中何所有，岭上多白云；只可自怡悦，不堪持赠君。"这是隐士的偏见。

另一首古诗说："山上层层桃李花，云间烟火是人家，银钏金钗来负水，长刀短笠去烧畲。"这幅景色是美丽的，但现在山区人口多了，这种生产方式根本行不通了。

应该说："山中何所有，遍地生金银，取之以其道，富国更富民。"这个道就是综合开发，综合治理，各项生产协调发展，经济与生态结合，三个效益同时抓。这就是新思想新做法，即树立生态经济思想，实行生态农业。在这个基础上，组织各项建设工作和文化教育等工作，把山区认真建设起来。

（1988年10月）

再谈希望在山区

我的《希望在山区》一文,1988年10月修改定稿,发表以来,引起了重视,共鸣的也不少,有摘发的,有转载的,给了我很大鼓舞。1989年以来,关于粮食问题以及整个农业问题的讨论深化了。中国科学院生态环境研究中心发表了《生存与发展和生态赤字——未来民族生存的最大危机》的国情研究报告,引起了人们的很大震动。我的思想也有发展,觉得对山区的要求应该更高一些,应该进一步发挥其潜力,以期对缓解我国农业的严峻形势起到应起的作用。为了进一步申述个人的看法,特写这篇《再谈希望在山区》,以供讨论。

我的新想法是:在我国山区(包括丘陵区)除积极经营原有的生产基地外,现在应该有计划地大规模地建设木本粮食基地、木本油料基地、蚕桑基地和牛羊肉生产基地,以增加农产品的供应,满足城乡人民的需求和创汇需求,并减轻农区的压力。这样做,也是建设山区和使山区人民富裕起来的需要。现在主客观要求一致,正是开发山区千载难逢的时机,应该狠狠抓住,推动我国山区的建设事业。

一、端正人们对山区的看法

要这样做，首先要解决人们的认识问题，纠正看不起山区的错误认识，树立建设山区的思想。目前最大的困难正在于相当多的人看不起山区。看不起的表现多种多样，例如：

第一，城市和平原地区的人不愿到山区工作，调进去的要求调出来，技术人员也是如此。现在的情况是进的少出的多，那里的技术人才越来越少，缺少人才的问题越来越突出。

第二，山区人民不安心于山区，想办法离开山区．出来进大学读书的人回去的很少，有人尖锐地指出，在人才问题上现在是山区支援城市。山区女青年愿意嫁到城市和平原地区，山区男青年也要求出来找工作。

第三，搞农业的人由于小农业思想的影响，只看到耕地，只在耕地上打转转，看不到山区和草原的潜力，当然也就谈不上利用它们。请看一位大学教授的论断（《中国土地科学》，1988 年第 2 卷第 2 期）：

> 我国 90 亿亩左右农用地折算成标亩为：
> 20 亿亩耕地 =20 亿标亩；
> 33 亿亩草原 =1.65 亿标亩；
> 10 亿亩草山草坡中 7 亿亩可利用部分= 0.55 亿标亩；
> 18 亿亩林地 =3 亿标亩；
> 6 亿亩疏林地 =0.5 亿标亩；
> 0.8 亿亩可利用淡水水面 =0.29 亿标亩。
>
> 全部农用地共折 26 亿标亩，其中耕地占 3/4，其他农用地占 1/4，……第一性生产的产值中，有 90% 以上来自耕地，不到 10% 来自草原和林地。……今后开发利用这部分耕地外农用地，发展多种经营潜力甚大，当然也不能寄予过高的奢望。

类似的说法还有“我国的山地丘陵……可以用作食物的植物资源相当丰富，……是扩大食物源、增加收益……的一个重要方面。据估算，如进一步挖掘潜力，（到公元2000年）可以为每人提供木本油2斤左右，各类干果10余斤”（中国农业科学院食物发展研究组《我国食物发展的战略途径》，1988年2月）。两者的结论是一致的，我国农业只能继续在耕地上做文章，其他途径作用不大。

专家学者在科学上和理论上也看不起山区和牧区，问题就大了，影响则更大。

第四，把山区与贫穷落后联在一起，更给山区披上一件难看的外衣。现在有一个相当普遍的说法：“老少边山穷”。老区、少数民族地区、边远地区、山区、贫穷地区。老、少、边极大部分是山区，因此，成了山区就是贫穷地区．目前全国18片贫困地区都在山区，这些地区共有501县，占全国总县数（不包括市辖区）的22.9%，国家每年拿出10亿多元来帮助这些地方脱贫。客观上山区成了国家建设的包袱，拖了建设的后腿。

值得深思的问题是：我们曾经依托山区打天下，山区是革命的根据地，当年是先进地区，威风凛凛，精神焕发。革命胜利了，山区却落后了，成了建设的包袱，灰溜溜的。为什么呢？问题出在哪里？要认真研究并作出回答。

更值得深思的是：多山是我国的基本国情，出路在山是极自然的道理，为什么却有一股看不起山区的思潮，一些专家学者也不例外？这实在不可理解，但却是事实。多山的国家却目中无山，值得反思，也必须作出回答。

还要深思的是：山区果真必然是落后的吗？是客观规律吗？山区的落后状态能改变吗？我国山区能为我国农业多做贡献吗？能贡献什么呢？对此，要认真研究并做出科学性的论断。

我的回答是，我国山区的本质是富的，特别是南方山区是国际上公认的全世界的一块宝地，穷是我们指挥失误造成的，因此，山区穷的现状是完全可以改变的，我国农业的希望在山区，建设好山区是四化建设能否成功的一个关键所在，也是四化建设的重要组成部分。轻视山区是目光短浅的表现，是不能允许的错误，必须切实改变过来。

二、两个实例的启示

山东省五莲县是该省山区建设工作搞得最好的县，靠近沂蒙山区（全国 18 片贫困地区之一），与沂水、营县相邻，是个老区，但已进入富裕县行列，而且是自力更生搞起来的，它的经验极为可贵。总面积 1500 平方千米，人口 49 万，人口密度每平方千米 327 人（约高于全国平均数两倍），人均一亩多地，近二亩山。1979 年以来，确立了“以林为主，林粮牧结合，多种经营，全面发展”的方针和“开发、开放、开化”并举的指导思想，发扬了自力更生、艰苦奋斗的光荣传统，奋斗 10 年，坚持治理和开发山区，取得了显著成就。1978 年，共有干鲜果树 365 万株，产量 4000 万斤，人均收入 82.5 元。1988 年，各类果树达 1300 万株，产量 1.6 亿斤（约 1/3 的树结果），人均收入 616 元。果树中，苹果 620 万株，板栗 210 万株，山楂 310 万株，其他为杂果。他们预测，按现有株数计算，公元 2000 年时，产量可达 8 亿~10 亿斤，为粮食产量的 2 倍（现为 4.4 亿斤，据说增产潜力不大了）左右。有关加工业正逐步发展起来，资源丰富而可靠。畜牧业也发展起来了。现在苹果和山楂的价格稳中有降，板栗价格仍上涨。他们认为如果早抓木本粮食生产，板栗可以多发展一些，大枣也可以发展起来。

该县的每座山头差不多都治理了，山的上部是刺槐等用材林，中部以下是板栗和山楂，底部平坦一些的地方是苹果或梨。各条山沟均有层层谷坊锁住，中间有池塘或小水库，据说，雨季土不出沟，清水缓流，旱季则沟沟有水。农村房屋基本上改造了，到处是新村并相当集中。全县成了一座大花园，景色秀丽，实现了良性循环。很早就自办了林业学校，乡村两级都有技术员，不少农户也有，果园管理得很好，林业部承认它是全国的培训中心之一。1987 年上海经济区在这里召开了生态农业现场会，称它为生态农业县典范。1988 年秋，省在此召开了全省林业工作会议，林业部部长参加了会议。

这个县没有吃偏饭，完全是自力更生干起来的，显示了山区人民的干劲和智慧，也显示了山区的潜力。

如果以粮为纲，在山区继续搞粮食生产，情况会如何呢？我这样问该县的老林业局局长，现是人大副主任的刘华祥同志（他陪同我们参观并作介绍）。他说，那就必然在山上开荒，毁林毁草，水土流失加重，最后什么也得不到，平原也受害，全县势必永远穷下去。该县的成就，首先是山区生产建设方针的正确；其次干部与群众的干劲，每座山头每条山沟的治理和开发，都付出了辛勤而艰苦的劳动；其三，技术指导跟得紧，工程搞得好，树栽得好、管得好。山区的生产建设，由林业局统管，减少了扯皮，也是一条好经验，这些都是可以学到的。

看了这个典型，令人心旷神怡，精神振奋，我国的山区建设找到了出路，看到了希望。

河北省邢台县前南峪村的建设成就，我在《希望在山区》一文中已作了介绍。一个“三靠”村，经过十几年的努力，成了全县最富的村，达到了小康水平，人均收入 1500 元。今年春河北省林学会就这个村的生态经济沟建设，专门召开了生态经济沟学术讨论会，提出了一些新的论点，很值得重视。

第一，这是群众在山区建设中的新创造，融治理与开发于一体，治山与治穷结合，达到维护人类社会与自然环境的和谐和统一，是生态经济思想的完美体现。

第二，生态经济沟建设，是山区开发的根本途径和基本单元，可以发挥生态与经济双重功能，产生三重效益（生态、经济、社会），是山区农村脱贫致富的重要途径。

第三，它是山区人民几十年来林业生产经验的提炼和升华，并给山区建设注入了新的活力。这种建设要求“统分结合，双层经营”，要有统一规划，又要有分散经营，因此要求有新的管理形式。

第四，从水土保持工作来看，是一个新发展。由水保—小流域治理—生态经济沟建设，是三个发展阶段，任务越来越明确。从绿化要求看，也是新发展。绿化——绿化、富化、美化结合。与当事者的利益进一步结合，动员作用更大。

第五，它是山区建设的大业，综合性强，要求各部门协作配合，因而要求各级行政领导部门亲自抓。

两个典型实践都证明，山区的本质是富饶而美丽的，穷主要是由于指导思想和工作失误。还证明改变山区的贫穷面貌也不是太难的事，他们原来都比较穷，前南峪村还是“三靠”村，生产方针对头了，办法适当了，十几年的努力，就实现脱贫致富。他们的实践经验对我们极有用处。

这两个实例在开发治理山区的方法方面，也给人们以极大启示：从大处着眼，一个县的统一规划，有计划地进行建设；从小处着手，从生态经济沟建设抓起，一条沟一条沟地进行开发治理，下苦功夫。也就是宏观与微观结合，大与小结合，远景与现实结合。两者缺一不可，没有统一规划和组织实施，各届政府各自为战，打快拳，现得利，全县面貌就无法改变，没有后者，任何美好计划也不能落实，无法一条沟一条沟地认真建设，全县改变面貌也无法实现。当前存在着有些县的好规划无法实现或有些好典型无法推开的现象，其症结就在这里。

看来，要改变一个县一个乡的面貌，首先要有一个综合治理与开发规划，这个规划应是科学的和可行的，其次要组织各村一条沟一条沟地建设，沟沟都成为生态经济沟，都做到绿化、富化、美化结合。为此，要有一套新的组织和管理办法，以适应新的形势。

我们应该对照这两个实例，总结自己的经验、解决自己的问题。学习他们，更要超过他们，这也是规律，青出于蓝而胜于蓝。不超过，人类就止步不前了，就得退化。一直退化下去就是灭亡。

三、积极建设较大规模的木本粮油等生产基地

目前，我国农业形势是严峻的，不仅粮食紧缺，油料、肉奶、皮毛、

蚕茧等等也是紧缺的，木材更不用说了。这个形势可能要持续一个时期，直到有了新的强有力措施并收到实效。

由于人口继续增加，耕地不断减少，单靠耕地，粮、油、肉、奶等等无法改变目前这种紧缺状况。出路何在？山区（也包括牧区，另文谈及）在这方面能否有所作为，提供相当数量的产品，既满足国内需要，又减轻农区的压力，更为山区发展找到一条出路？我以为山区可以有所作为，办法是积极建设木本粮食基地、木本油料基地、蚕桑基地和经营南方草山草坡，即较大规模地建设四大基地。

关于建设木本粮食基地，我已有一文在《中国林业报》上发表（1989年7月1日），这里不再重复，下面简述另外三种基地建设问题。

（一）关于建设木本油料基地问题

世界食用油为主的油料树有150种，我国就有100种左右，其中80多种树木的果实、种子含油率达51%以上。即是说，资源是很丰富的。而且油茶、核桃、花椒、文冠果等，群众历来就有经营习惯。油茶更是我国的特产，由于它的“含油量的94%是不饱和脂肪酸，胆固醇低，又不含芥酸。其茶壳和榨油后的枯饼可加工成多种副产品，茶花是近年来新开发的蜜源。适应性强，易管理，一经种植，百年受益。西欧一些国家正准备从我国引种”（国家林业部《关于增加食油资源设立油茶开发基金的报告》）。我国现有6000多万亩，分布在秦岭以南10多个省，由于种种原因，现在常年产量仅2.5亿斤左右，平均亩产仅4~5斤。专家们早就指出，加以科学管理，亩产40~50斤是完全可能的。湖南省的老领导万达同志于1986年春也提出新的看法，认为“原来的老概念不对了，油茶完全可以做到生长快、挂果早、产量高、效益好，发展油茶生产大有可为”，“油茶是我省一项特有的资源优势”。现在，专家与领导完全想到一起来了，这是十分可喜的新现象。

我以为充分利用油茶的现有资源并加以发展，加上积极发展北方的核桃、花椒等资源，公元2000年时，搞到1亿亩，亩产油40斤计，总产可达40亿斤。这对于提高人民的食油供应和减轻农区压力，都是极为有利的。由于经营这些木本油料，都是利用荒山荒地，又等于造了林，对于保护农田、改善山区生态环境和增加山区人民收入，也极为有利。只要在价格上和技术上加以支持，调动农民的积极性，发展会是很快的。对一些困难地区，资金上也要给以扶持。公元2000年以后，再视情况作进一步的发展，使山区在解决我国人民的食用油方面承担更大任务，这个可能性完全存在。

（二）关于建设蚕桑基地问题

近几年来，连续发生蚕茧大战，说明这项产品的紧缺，也说明应积极发展蚕桑事业。我在浙江杭州市几个山区县和安徽大别山区金寨县看到，山区县发展蚕桑的积极性很高，平原地区的积极性则在下降，这也是经济发展规律在起作用。这个新趋势给我们以启发：在山区积极建设蚕桑基地和发展有关粗加工（缫丝），以发展山区经济。

我国蚕桑发展是很不平衡的，这主要是传统习惯的影响，是可以改变的。以1984年资源计算，江、浙、川、陕四省即占全国桑园面积的70%。而金寨县的桑园面积则占到安徽总面积的1/5强。湖北才30万亩，在南方各省中，居于中等水平。1984年全国桑园总面积仅600多万亩，与可利用面积比，实在太少；产量仅613万担，全国人均半斤多，更是少得可怜。积极发展，既可满足出口需要，又可提高人民的衣着水平，也可减轻棉田压力，对发展山区经济则更有利。

究竟发展多少，我没有研究不敢随便讲，但是国际市场是广阔的，一个材料说："15年来，世界产量不断下降，再也满足不了因西方人重新喜欢天然物资而不断增加的需求"（《参考资料》1989年8月12日），这说明世界市场是大可利用的。国内市场更是十分广阔，随着人民生活水平的提高，养蚕人也会穿起丝绸衣服来的，比现在的产量增加几倍是毫无销路问题的。总之，这个事业大有发展前途，应该积极发展。

（三）关于在南方草山草坡建设畜牧基地问题

7 月上旬我参加了一个草原牧业现场学术讨论会，看了一些人工草地和围栏现场，阅读了一些资料，听了专家们的一些议论，对于发展我国南方草山草坡畜牧业问题，有了一些认识，也觉得大有可为。

我国南方各省的草山草坡（包括热带与亚热带）可利用的约 8 亿亩，其自然条件与新西兰的草地相似，生产力可达到它目前的水平。我国已有经验是，这里的人工草地，2 亩可养一只良种半细毛羊，年产净毛 2.5 千克以上，亩产值可达 200 元以上。新西兰的草场约 2 亿亩，即是说，我国南方山区可以经营成相当于 4 个新西兰产量的畜牧基地。根据前几年的资料，新西兰一年生产牛羊肉 100 万吨，鲜奶 630 万吨，羊毛 32 万吨（1984 年，我国牛羊肉产量为 95.5 万吨，鲜奶 259.6 万吨，羊毛为 19.3 万吨，均低于新的相应产量，实在少得可怜）。建成这样的畜牧基地，对于提高我国人民的肉奶供应水平是极为有利的。对于减少羊毛进口更为有利，目前我国年进口净毛 20 万吨，得花外汇 17 亿多美元。当然，建成这样的基地是不容易的，新西兰的人工草地已占到草地总面积的 65.5%，是世界上比例最高的。

我们有很好的草山资源不积极利用，耕地资源少，粮食紧张，却仍要在农区继续发展猪的生产，以增加肉类供应，这种做法，不是应该认真思考一番吗？

此外，我国南方还有丰富的木本饲料植物，不完全统计有 200~300 种以上，如何利用它们，是一个大问题，要认真加以研究。专家们已提出这个问题，有一篇文章《我国南方重要的木本饲料资源及其综合利用》（《自然资源》1989 年第 4 期），值得好好学习和研究一下。

我国山区原来就有的生产基地，如用材林基地、竹类生产基地、茶叶生产基地、药材生产基地、各种水果生产基地以及其他工业原料生产基地（桐油，漆、紫胶……）等等，当然都应该经营好并积极发展，提供更多的优质产品。我们知道这些产品目前也是紧缺的。我们目前的经营水平也是很低的，大有潜力可挖。

如果我国山区县都积极行动起来，在公元2000年前，每个县在建设新老生产基地方面都有所作为，比如说，每个县新建30万~40万亩，集中起来就是一个巨大成就，即4.4亿亩到5.9亿亩（按1481个以山区为主的县计算），新增加的财产当然是极为可观的。由于它又是生态建设，其间接效益更大。从一些先进典型来看，这又是完全可以做到的。关键在于思想工作和组织工作做得如何，在于经济上支持做得如何。技术指导当然也是极为重要的。

关于山区极为丰富的土地资源和动植物资源，我们要逐步地有计划地充分而合理地利用起来，这一点是毫无疑问的。这不是什么人的爱好问题，是我国人口众多和平原小、耕地资源有限这个根本现实决定的。耕地生产的粮食、油料、肉类不能满足需要，越往后可能越突出，唯一出路就是用木本粮食、油料补充，用草场生产肉类补充。能在山区生产的如蚕丝、水果等等，就尽可能在山区生产，原来就在山区生产的，更不用说了。总之，耕地不足，逼着我们积极利用山区土地资源，与过去不同的是，不是开荒种五谷杂粮，而是因地制宜地经营木本粮、油作物，种草发展草食牲畜。这样山区生产问题、山区经济建设问题，就提到了议事日程。建设好山区，发展山区经济，就成了我国四化建设的极重要内容，它关系四化的成败，也关系国家的兴衰，再不能等闲视之了。

这样，在山区工作的同志，应该树立两个新的思想，一个叫做把土地资源充分利用起来，为此要明确提出“邑有荒土愧俸钱”以自勉；一个叫做把动植物资源充分利用起来，为此要明确提出“世间多少闲花草，无补生民我应渐”以自勉。只有这样的高度自觉精神，才能把山区建设好。

对山区的看法也应改变。今日的山区再也不是古人说的那种幽静闲逸或荒无人烟之地，如什么“山上层层桃李花，云间烟火是人家”、“北山白云里，隐者自怡悦”以及“山寂寂兮无人，又苍苍兮多木”等等，而是人口很多，到处都有各种生产活动，再也不是只靠自然恩赐过活，而应是自己建设新的环境与生产基地，过新的生活。我国现在的人口比古人写诗时的人口，增加了20倍以上，因而一切都大变了。我们的思想当然也要跟着变，生产和生活方式也要跟着变。这又不仅仅是我国的情况，而是全世界的问题，因为全世界都有一个人口爆炸问题。

四、制定综合发展规划，组织群众进行长期建设

建设山区是一项长期而又艰巨、复杂的事业，没有一个综合发展规划并坚持执行，是建设不好的。特别是山区的贫困县，由脱贫到富裕起来即达到小康水平，大概要经历30年左右的时间，要解决10届政府念一本“经”即：坚持执行综合发展规划的问题。我们长期未抓这个制定综合发展规划的工作，实在是一大失误，以致直到现在许多县仍然是一个将军一个令，换一届领导改变一次经济建设计划，短期行为盛行，现得利，打快拳，较长期建设谁也不做，也无法做。农业缺乏后劲，这是一个极为重要的原因。这个失误再也不能继续下去了。

每个县每个乡都应制定这样的规划并认真执行。这是改变面貌的前提条件。应该懂得这是人治与法治的分水岭，个人决定与科学决策的分水岭，是有计划经济建设与否的分水岭。

制定这种规划，目前有两种指导思想，一是作大规划，上大项目，向上要求大量投资，想一步登天；一是根据自己掌握的实力，制定可以做到的规划。令人不安的是，前者占大多数。由于国家不可能给很多投资，结果规划告吹，一切照旧，并给规划工作抹黑，如什么“规划就是鬼话”，“规划规划，纸上画画，墙上挂挂”等等。我们要的是后者，使领导人和群众认清一个县一个乡的潜力所在及进行建设的步骤，上面不另投资，规划照常进行，每年都有进展，另给投资则加快建设，非常主动。群众富裕以后，积极性高了，也可以加快步伐。如果山区各县都能这样做，当然好；如一部分县能这样做，做出样子，就能起推动作用，也是好的。我们希望贫困县能积极行动起来，有了成果，说服力就大得多。

值得高兴的是，制定这种规划的条件已经成熟。自 1981 年以来，根据钱学森同志的建议，当时主持中国科学院工作的李昌同志的支持，这项工作由培训人才到试点到逐步推行，现在已有 400 多县这样做了，目前一些省区仍在继续推行。这批县中，出现了三任县长念一本“经”的典型，经济和产量大幅度增长的典型，周围因旱减产而它却继续增产的典型，说明有无这种规划建设效果大不相同。更重要的是已培养出一批搞这种规划的专业人才，积累了经验并出版了一套农业系统工程丛书（已得到了国家出版部门的奖励）。现在搞一个县的整体经济建设规划，时间可以缩短，人力和财力可以节省，而质量却可以保证。

这项工作目前应该也可以在全国范围内大力推行了。

（1989年）

对农业认识的深化与山区建设

一、一个新提法

复旦大学一位教授兼中国《资本论》研究会副会长张熏华在所著《生产力与经济规律》一书中提出一个新的论点，认为农、林、牧、副、渔这种排列次序不够科学，应改为林、农、牧、渔、副。他的理由是："由于农业应是生态农业才有发展前途，森林是生态系统的支柱，没有'林'，生态系统就会崩溃，就没有农、牧、渔的发展。'林'，是人类生存问题，'农'是人们吃饭问题。农业搞不好会饿死一些人，森林砍光了会使整个人类难以生存下去。因此'林'应放在首位，至于工、副业非农业正业，应在末位。所以，比较科学的次序应是：林、农、牧、渔、副"。从这里反映了这样几个问题：第一，人们生态意识的增强。第二，它反映了人类对森林的依赖程度大大增强。第三，它反映了对农业认识的深化。

这个新提法对于农业战线极为重要，促使我们重新考虑农业发展战略问题，再不能就种植业抓种植业和就粮食抓粮食了，也不能只在耕地里打转转，首先要抓农业大环境即森林建设，以保证农牧渔业的健康发展，即实行大农业发展战略。有了森林，既保护了水资源，又保护了农牧渔业，林业是最根本的农业基本建设。明确提出把森林放在第一位，人们对农业的认识也就豁然开朗，进入一个新的境界。森林不仅是人类文化的摇篮，大地之肺，陆地生态的主体，它还主宰着农业的兴衰。这个新提法对于总结四十年来农业生产的经验教训和提出新的科学的发展战略，都十分有益。

二、对山区建设的新认识

对森林的依赖，实际上就是对山区的依赖。林和山是分不开的，虽然平原、沿海也需要造林，但森林的主体在山区，多山的国家更是如此。把森林放在第一位后，加深了人们对山区的认识，也加重了对山区的依赖程度。因而就必然要提出山区建设问题。

我国的森林资源危机又是与山区贫困的现实联系在一起的。当前，我国的贫困地区绝大部分在山区，两者的关系是十分清楚的。我国农业后劲不足，自然灾害频繁而且不断加剧，也是与山区贫困、森林资源危机分不开的。治山与建设山区是发展我国农业的根本环节，这个道理懂得的人愈来愈多了，这是非常好的信息。

我国，现在必须提出认真建设山区的问题，理由有三：

第一，山区建设在我国本来就是一个重大课题，由于多年来欠账太多，目前显得更加紧迫。我国是一个多山的国家，山区（包括丘陵区）面积约占国土的70%，以山区为主的县（计1491个）占总县市数的60%，人口约占40%。山区不仅是多种产品的生产基地，直接养育着众多人口，还保障着平原并为平原提供水资源、竹木资源和其他多种资源。不经营好山区，许多生产潜力发挥不出来，山区人民富不起来。如果山区继续遭受破坏，平原也将进一步受到威胁。

第二，农业环境危机对山区建设提出了新要求。四十年来，我国农业的成就是举世瞩目的，但是，这些成就又是建立在掠夺资源的基础上的，并且产生了严重的后果，即农业环境危机日益逼近，并将严重影响农业的发展。农业环境危机的表现有森林资源危机、水资源危机、草原危机和农村生态危机四个方面，在危机的四个表现中又有两个直接与山区有关，即森林资源危机和水危机。解决森林资源危机必须依靠山区建设，是很容易理解的，培植我国的森林资源主要依靠山区，我国原来的林区都在山区，现在能大面积造林的荒山荒坡也都在山区。

解决水危机为什么也要依靠山区呢？且看看以下几个事实：山区的雪山和冰川是一个巨大的固体水库，每年消融的水量近500亿立方米，山区地表水资源约占全国总水量的60%；高山和高原湖泊的水资源约5700亿立方米，占湖泊总水量的76%，其中淡水1100亿立方米，占淡水储量的一半以上；全国的水能资源几乎全部集中在山区；新中国成立以来修建的8.3万座水库，绝大部分在山区。山区不建设好，上述各项资源都将受到破坏或威胁，我国的水危机将进一步严重起来。可见水利建设与山区建设是密不可分的，不搞好山区建设，我国的水危机是无法解决的。

第三，我国人口的增长前景对山区建设提出的新要求。根据人口研究机构预算，公元2000年时我国人口将达13亿，2030年前后，我国人口将达到16亿，我们现在就要考虑16亿人的吃穿问题。这期间，国土不会增加，耕地扩大的可能性不大，人均占有的耕地势将不断减少，仅靠耕地养活这样众多的人口是有困难的，这就要求山区提供一定数量的食品和用品，以减轻农业的巨大压力。根据我国山区的土地、气候、雨量以及动植物资源等情况，这个任务是可以承担起来的。办法就是：在我国山区除积极经营原有的生产基地外，有计划地大规模地建设木本粮食基地、木本油料基地、蚕桑或叫丝绸基地和牛羊肉皮毛基地，以增加农产品的供应，满足城乡人民的需要和创汇需求，并减轻农区的压力。这样做，也是建设山区和使山区人民富裕起来的需要。

上述三点向我们提出建设山区的重要性和紧迫性，要求我们树立依托山区发展农业和进行经济建设的战略思想，并与目中无山和轻视山区的思想彻底决裂。值得注意的是，目前不仅在实际工作中而且在理论上，轻视山区和牧区的思想是严重存在的，这是我们经营和建设山区的很大障碍。当然，我们提出树立依托山区发展农业和进行经济建设的战略思想，绝没有忽视耕地和放松经营耕地的意思。耕地是主战场，任何时候也不能放松，但又必须同时重视和经营好山区和牧区，还要经营好渔区，实行两条腿走路，这才是我国农业的出路所在。决不能只在耕地上打转转了。

三、用生态经济思想指导山区建设

在树立了依托山区发展大农业和发展经济的思想以后，还要解决用什么指导思想来建设山区的问题。当前，要建设好山区，必须认真解决三个问题：一是与掠夺性经营思想与经营方式决裂；二是与单项经营思想与经营方式决裂；三是与短期行为决裂。为此，要树立生态经济思想，推行生态农业，树立综合开发与综合经营思想；制定长期发展规划，按规划有步骤地进行建设。这里，着重谈树立生态经济思想和推行生态农业的问题。

所谓生态经济思想（生态农业是它的重要组成部分），是国际上著名的思想库罗马俱乐部在它的第九个报告《关于财富和福利的对话》中提出来的，时间是 1981 年。这个新的经济思想，把生态学与经济学结合起来，并认为生态学是新的扩大的经济学的基础。它明确指出“经济和生态是一个不可分割的总体。在生态遭到破坏的世界里，是不可能有福利和财富的。旨在普遍改善福利条件的战略，只有围绕着人类固有的财产（即地球）才能实现，而筹集财富的战略，也不应与保护这一财产的战略截然分开……一面创造财富一面又大肆破坏自然财产的事业，只能创造出消极的价值或被破坏的价值。如果没有事先或同时发生的人的发展，就没有经济的发展”。

在国内，已故著名经济学家许涤新于 1980 年第一次提出生态经济学，并提出两个规律之间，一般说来，自然规律起决定作用的论点。

中外学者差不多同时提出这个问题，反映了时代的要求，值得我们深思和重视。从那时以来，这个新思想不断得到各方面的重视和运用，例如，世界银行提出“环境管理对经济增长至关重要”的论点，建议“把注意力集中在解决全球性环境恶化的问题上”，“加强努力来把自然资源管理纳入国家和部门的经济计划之中”。1989年，世行第44届年会上，又发表了环境问题的专题报告。新的文化观也引进了生态思想，即认为现代科学文化是包括科学文化、人文文化和自然文化在内的复杂的文化生态系统，称之为大文化。国内学者近年来还分别提出了建设生态文化、生态文明等新观点。如《人类生态学——一种面向未来世界的文化》（陈敏豪著）一书提出建设生态文化的问题，认为人类生态学时代的文明将在21世纪逐渐放出异彩。《生态农业——未来的农业》（叶谦吉著）提出并呼吁从现在起就开展“生态文明建设”。还指出“国外有识之士认为，21世纪将是生态学的世纪，这是科学的预见。但我认为，更确切地说，21世纪应是生态文明建设的世纪。人与自然应成为和谐相处的伙伴”。

十分清楚，经济工作者特别是农业工作者如果没有生态经济思想，没有这样高度的战略眼光和宽广胸怀，单纯经济思想、以邻为壑、急功近利、短期行为等等，是不易清除的。

生态农业也是国际上和国内正在兴起的新事物。目前国内外对于生态农业都有不同的理解和说法，但总的精神则是比较一致的，这就是要求在农业生态系统中起主宰作用的人，善于遵守自然规律和经济规律，特别是生态学和生态经济学原理，立足今天，放眼未来，尽量避免以至根除恶性循环，力求促进和实现良性循环，在发展生产的过程中，为当代人以及子孙后代创造一个经常保持最佳平衡状态的生态环境。简单说来，就是要求在发展农业生产的过程中，做到保护和培植资源，防止污染，提供清洁食物和美化环境。根据我国农业资源的特点及实际需要，我们讲的生态农业，其范围应比国外讲的要广泛一些，不限于种植业，包括农、林、牧、副、渔各业，还包括乡镇企业。可以概括为这样的概念：切实根据生态学和生态经济学原理指导农业生产，充分利用当地的自然资源，利用动物、植物、微生物之间相互依存的关系，也利用现代科学技术，实行无废物生产和无污染生产，提供尽可能多的清洁产品，满足人民生活、生产的需要，推动乡镇企业的发展，同时创造一个优美的生态环境。既要充分利用现代机械设备、化肥和农药，把它们纳入新的生产体系，尽量减少其污染和其他副作用，也要充分吸收传统农业中现在还适用的经验和办法，并用现代科学理论加以总结、提高。这种农业是一种科学的人工生态系统，具有整体性、系统性、地域性、集约性、高效性、调控性等特点，力争实现绿色植被最大、生物产量最高、光合作用最合理、经济效益最好、生态效益最优、动态平衡最佳等目标。模式则是多种多样和多层次的，小到一个家庭农场甚至庭院经济的安排，大到一个县一个地区的布局。但是，这种农业又不是高不可攀的，所有农村现在就可以实行也应该实行。我国农业要以此取胜，优势也正是在这一方面。

为了推行生态农业，就一个县来说，现在就应该并且完全可以进行两方面的工作：一是切实实行农林牧渔协调发展。这就是用耕地、林地、牧地（特别是人工草地）和水面，把境内全部土地利用起来，消灭裸露土地，尽可能多地把太阳能转化为生物能，为发展第二性生产和加工工业创造条件，取得最佳经济效果。这实际上又是培植资源的有效办法，也美化了环境，一举数得。二是建立农作物秸秆和其他副产物的循环利用系统，实行无废物生产和无污染生产。如按次生产食用菌、菌糠饲料、发展家禽家畜、发展沼气、养蚯蚓、制造优质有机肥料、发展屠宰业、食品工业和有关加工工业等等，多次增加产品和产值，同时解决农村自身的污染问题，改善生态环境。由于有机肥大量增加和生物防治工作的开展，化肥、农药的使用量相应减少，因而农产品的产量增加和质量提高，土壤的有机质含量也逐步增长。这些技术各地都有，也有一些成功典型。问题是各个环节分散进行未形成系统，威力没有充分发挥出来。要认真组织起来，形成一个完整的循环利用系统。搞好了就等于开辟了一个新的生产领域，向生产的深度进军，不仅有利于增加产量和产值，对于提高产品质量，降低生产成本，也极为有利。

上述两条，第一条已宣传多年，经验和典型都很多，目前是认真干起来的问题，应该说是没有什么困难的。这方面的潜力也最大，我国未利用的土地是很多的，资源在白白浪费着。第二条，要有一定的技术力量和装备，成熟的经验又不多，需要先集中技术力量，进行综合试验和培训人员，再逐步推行，不能一哄而起，但也不是办不到的事。这两条做到了，形势就会大变：农业生产走上良性循环，生产门路不断增加，产品日益丰富多彩，生产成本不断下降，产品是清洁的，质量也会不断提高，对于发展乡镇企业和小集镇建设，都极为有利。毫无疑问，这样的农业是有强大生命力的，这样的农村是美丽的、富庶的，正是社会主义农业和农村的优越性的具体表现。

生态农业与生态经济思想本来是各自发展的，现在汇合了，而且后者包含了前者。有了生态经济思想及其深化发展，生态农业就有了理论根据。应该充分认识和运用这一新形势，提高人们对生态农业的理解程度，进一步推动我国的生态农业建设。

四、生态林业的特点和推行生态林业的重要作用

生态林业是生态农业的重要组成部分，是生态农业在山区的具体化。因为我们讲的生态农业是大农业概念，包括林、农、牧、渔各业，还包括乡镇企业。

生态林业还有它的个性即特点，林业部于 1990 年 4 月 3 日到 7 日在京召开的生态林业研讨会对此专门进行了探讨。专家们对生态林业的表述方式虽不尽相同，但基本思路一致，共同之处有这样几点：(1) 发展林业的指导思想，都是以生态学原理、生态经济原则为依据的。(2) 遵循生态学原理，努力探索发挥森林的多种效益及开发利用森林的多种资源的价值。按照生态系统的整体规律，达到多层次物质和能量循环利用的有效途径。(3)

主张开发以林为主，立体开发，综合利用，以短补长，建立生态经济型的林业。(4) 通过生态林业建设，摆脱林业困境，增强活力，建设一个具有中国特色的社会主义现代林业。

根据上述关于生态林业的表述，我以为生态林业还应具有以下三个新的观点：一是把全部山地充分利用起来的观点。许多事例说明，人们认为无法利用的许多山地，在找到了合适的树种或草种，又找到了合适的经营方式以后，就能变为生产用地，为利用者生产财富，即使是冰川和雪山加以保护和利用，也可成为牢固的固体水库，并为人们增加水资源，对开发山区极为重要。因此，生态林业应具有把全部山地充分利用起来的观点。我国有大量未利用起来的荒山荒坡和利用不充分、不合理的山地，有待进一步开发和利用。二是把全部林草资源充分利用起来的观点。我国的林草资源是十分丰富的，《当代中国的林业》指出：我国有木本植物 8000 多种，其中乔木 2000 多种；竹类资源有 30 个属，300 种以上；食用油为主的油料树 100 种左右；木本干果树（即木本粮食）400 多种；芳香植物 300 多种；药用植物 3000 种，其中常用的 500 多种。一位专家指出：我国的饲料树就有二三百种之多。据畜牧部门不完全统计，禾本科的牧草有 1200 种，豆科的 1130 种，共 2330 种。这些乡土林草品种，都是长期生长在我国山区土地上的，有很强的生命力，加以利用的潜力是巨大的。三是充分利用野生动物资源的观点。我国野生动物资源同样是丰富的。《当代中国的林业》指出：我国有兽类 450 种，鸟类 1186 种，两栖、爬行类 516 种。除一部分生活在河流、湖泊、草原和荒漠、农区外，大部分栖息于林区，其中已发现有重要经济价值的兽类 120 种、鸟类 150 种。在建设山区、发展林草的同时，积极利用和饲养野生动物，已是一项大有可为和亟待开发的新兴产业。目前已有专门养蛇、养熊、养貂、养娃娃鱼、养野鸡、养甲鱼、养蝎子等专业户，这是一个极为可喜的开端。应该在这个基础上，积极开展饲养野生动物的试验和饲养活动，为大规模利用野生动物资源创造条件。

有了上述三种观点，在山区建设中，在发展生态、林业过程中，自然会产生一个综合开发、综合利用的观点，一定会办成各种类型的综合企业。这种企业一定会实现良性循环，三个效益都好，从而推动山区建设事业的发展，使山区同时实现绿化富化和美化。有人会说，要求太高，已大大超出林业部门经营的范围。是的，但是要建设山区就得这样做，做好了，又将推动我国的政治体制改革，在建设山区上闯出一条新路。

当然，三个观点全部实现是不容易的，要有一个发展过程。值得高兴的是，各地已有一批这样做的典型并显示了强大的生命力。河北和山西出现的“生态经济沟”，在一个小流域内，把全部土地合理利用起来，上部是用材林或牧草，中部是木本粮食林，下部是水果林和小水库，做到了一般雨量年水不出沟。有的还办起了小牧场。昔日的穷山沟变成了各有特色的生产基地，不仅居民富裕起来，还成了风景秀丽的地方，吸引着人们前来游览，如果形成面积较大的一片，就是一个新游览区。这是整个太行山的发展前景。又如一些进行生态县建设的山区县，在全县范围内进行着生态经济沟建设，整片整片的山头逐步改变面貌，从山顶到山脚，充分而合理地利用起来，不仅绿化了，也富化和美化了，全县成了一座大花园，同时又形成无数的生产基地，各项生产事业协调发展，不仅物产丰富，而且景色如画，新农村有计划地建设起来，文化教育事业在农村普遍发展，实际上成了生态经济县。山东的五莲县就是其中的一个。

认真研究山区，研究山区的合理开发和建设工作，是一项艰巨而紧迫的任务。40 年来，我们忽视了山区，也忽视了对山区的研究，从而更加重了这项研究的困难和紧迫性。应该承认：我们对各地山区的特点认识不够，对山区资源研究得更不够，不认识的东西还很多，这是我们当前遇到的非常实际的困难。因此，研究山区的工作再也不能迟疑了，要力争这一次的山区开发和建设工作，严格按自然规律办事，少走弯路，把开发与建设结合起来，使山区富裕起来，并把我国农业推进到一个新的阶段。

（《农业经济问题》1990年第8期）

山区建设的新形势及其引起的新思考

一、我国山区建设面临的新形势

我国山区建设进入了一个新阶段，它有这样几个特点：

第一，理论界与学术界提出新论点。

一是林、农、牧、渔、副新排列次序论。复旦大学教授兼中国《资本论》研究会副会长张薰华在所著《生产力与经济规律》一书中提出一个新的论点，认为“农、林、牧、副、渔”应改为“林、农、牧、渔、副”。

理由是：由于农业应是生态农业才有发展前途，森林是生态系统的支柱，没有“林”，生态系统就会崩溃，就没有农、牧、渔的发展。“林”是人类生存问题，“农”是人们吃饭问题。因此“林”应放在首位。所以，比较科学的次序应是：“林、农、牧、渔、副”。这是经济学家从人类生存和发展生产力着眼提出的新论点，它反映了这样几个问题：(1) 反映了人们生态意识的增强；(2) 反映了人类对森林的依赖程度大大增强；(3) 反映了对农业认识的深化。这个新提法促使我们重新考虑农业发展战略问题，再不能就种植业抓种植业和就粮食问题抓粮食了，也不能只在耕地里打转。首先要抓农业大环境即森林建设，实行大农业发展战略。就说水吧，水利是农业的命脉，但森林又是水的基础，山清水秀，山穷水就尽，凶山就要出恶水。有了森林既保护了水资源，又保护了农牧渔业，林业是最根本的农业基本建设。这里讲的“林”，是大林业的概念，与长期来林业就是大木头的概念是根本不同的。

二是生态林业思想的兴起。近年专家们对生态林业的基本思路、共同之处有这样几点：(1) 发展林业的指导思想，是以生态学原理、生态经济原则为依据。(2) 遵循生态学原理，努力探索发挥森林的多种效益及开发利用森林的多种资源的价值。(3) 主张开发以林为主，建立生态经济型的林业。(4) 通过生态林业建设，摆脱林业困境，增强活力，建设一个具有中国特色的社会主义现代林业。

三是林业三化论。绿化、富化、美化并提，同时实现。即把绿化与富民结合起来，把建设环境特别是建设山区与发展生产结合起来。“三化”的新任务要求更新对林业的认识，林业应包括用材林、经济林、饲料林、水源林、薪炭林等等，以及林区的药用植物、芳香植物和牧草。这就是大林业思想的丰富内容。

四是“希望在山区”论。认为我国农业的出路在于：跳出耕地的小圈子，在经营好耕地的同时，认真开发山区，开辟新的生产领域，应明确提出：潜力在山区、希望在山区，向山区要财富。

第二，重视山区建设的典型不断涌现。

各地山区都出现了一批把发展生产与建设山区结合起来，靠建设山区发财致富的典型。有些典型县有计划地用生态经济思想指导山区建设。如安徽的金寨县，湖北的京山县，山东的五莲县，浙江的临安县，辽宁的新宾县，四川的大足县，山西的何曲县，河北的邢台县、迁安县，广东的始兴县，江西的铜鼓县等等。这些都是全国有名的生态农业县或生态林业县，这是生态经济思想更加深入和普及的新形势。一些省积极行动起来抓山区建设。如广东省几年前提出了“五年消灭荒山，十年绿化广东”。全省48个山区县，4年国民收入翻了一番，农民人均纯收入达707元，增长80.36%。

第三，贫困山区县靠政策和科技脱贫致富。

全国共有贫困县671个，绝大部分在山区，由于近年中央采取了一系列扶贫政策，又有科技人员帮助，因而极大地推动了山区的开发和建设。

新中国成立以来，我国山区开发经历了三个阶段：首先是向山区要粮，历时最久，结果资源遭到很大破坏。其次是向南方山区要肉，虽有争论，但成绩也较显著。第三，向山区要财富，进行综合开发，这是一条可行之路，但要经历一个艰苦建设过程。我们一定要有效地开展我国山区开发和建设工作。

二、山区的优势

为什么当前会形成一个山区开发和建设的新的热潮？为什么领导、学术界和山区人民会想到一起？我以为这是有深刻的社会、经济等原因的，主要是：(1) 这是我国多山的特点决定的；(2) 人口压力所迫；(3) 农业环境危机迫使我们这样做；(4) 18片贫困落后地区都在山区的现实迫使我们这样做；(5) 沿海地区经济起飞，必须同时进行山区建设；(6) 我国山区蕴藏着巨大优势。

这里着重谈山区优势所在。

第一，我国山区有大量的荒山、荒坡、草坡、疏林地和利用不当的土地，可以开展各种生产事业，满足城乡人民生活和经济建设的需要。据1983年区划部门调查，我国还有宜林荒山荒坡11.7亿亩，可利用草山草坡7.2亿亩，北方可利用草原33.7亿亩。特别是我国南方山区条件优越，愈来愈被人们所重视。

第二，山区可以生产大量的木本粮食和木本油料，如板栗、大枣、柿子、银杏、核桃、油菜，花椒、文冠果等等。我国有木本粮食400多种，食用油为主的油料树100多种，这些都是优质高级营养品。这些产品既可使山区富起来，又可减轻农区的压力，还能满足城市的需求和出口创汇。山区可以大量种桑养蚕，建立强大的丝绸生产基地。

第三，我国南方草山草场资源丰富。可以大量提供牛羊肉、牛奶和皮毛。我国耕地有限，猪的发展有一定限度，今后大量增加肉食，应主要靠草地畜牧业，经营草山草坡和草原势在必行。这样做，既富山区和牧区，又能减轻农区压力。

第四，有众多的野生动物资源，是一个广阔的生产领域。我国有兽类450种，鸟类1186种，两栖、爬行类516种。除一部分生活在河流、湖泊、草原和荒漠、农区外，大部分栖息于林区，其中已发现有重要价值的兽类120种，鸟类150种。在建设山区过程中，积极利用和饲养野生动物，是一项大有可为的新兴产业。应积极开展饲养野生动物的试验和饲养活动，为大规模利用野生动物资源创造条件。

三、用生态经济思想指导山区建设

把山区的优势释放出来变成现实，是我们面临的一项艰巨任务，首先要有一个科学的指导思想，这就是生态经济思想。所谓生态经济思想就是把生态学和经济学结合起来，并认为生态学是新的扩大的经济学的基础。经济和生态是一个不可分割的总体。在生态遭到破坏的世界里，是不可能有福利和财富的。

我国已故著名的经济学家许涤新于1980年提出两个规律，一般说来，自然规律起决定作用的论点，是这个思想的另一种表达方式。近年来，新的文化观也引进了生态思想，即认为现代科学文化是包括科学文化、人文文化和自然文化在内的复杂的文化生态系统，称之为大文化（见《百花齐放，生态共荣》一文载于《光明日报》，1988年5月12日）。国内学者近年来还分别提出了建设生态文化、生态文明等论点。总之，对环境的认识正在不断深化，国内外专家学者正从各个角度重新认识它，这正是生态时代的特点。

十分清楚，经济工作者特别是农业工作者如果没有生态经济思想，没有这样高度的战略眼光和宽广胸怀，单纯经济思想、以邻为壑、急功近利、短期行为等等，是不易清除的。

我们一定要学会运用生态经济思想，来开发和建设山区，来实现山区绿化、富化、美化，把山区逐步建成物产丰富、景色宜人的先进地区。

四、县要认真组织山区建设

运用生态经济思想有计划地建设山区，是一项十分繁重的任务，一项长期建设事业，各级领导要大力抓，如及时解决有关政策和组织工作，给予资金和物质支援，还要组织科研单位深入研究山区，组织大专院校为山区培养各种专业人才，制定山区综合开发和建设规划等等。但关键是以县为单位具体组织实施。

第一，组织力量制定一个中长期的经济、社会、生态协调发展的综合

规划并认真组织实施。在一定时间内，各届政府同念一本“经”，解决目前普遍存在着的一届政府一个做法、短期行为和发展生产缺少后劲等弊端。这是山区实现由穷到富根本改变面貌的基础。

第二，按规划在各种类型区搞综合试验点。这样可以集中力量形成拳头实行综合开发，做出样板，提高周围群众的认识，把点上的经验及时辐射到面，加速山区的开发建设速度。

第三，各部门要为商品基地服务，形成农工商一条龙，搞活山区经济。山区既是生产基地，又是商品基地，需要产前、产中、产后服务，物质供应、技术指导、加工、销售要跟上，以保证各项生产的蓬勃发展。

第四，有计划地组织新农村建设。随着山区生产的发展，农民生活水平的提高，新农村建设也要逐步进行，如农村学校建设、文化娱乐设施建设、卫生建设、小集镇建设、农民盖新房等等，应该早作规划，把农民的积极性调动起来，使新农村建设能与生产发展合理结合。

第五，宣传生态知识和生态经济思想，提高人们的生态意识和生态经济观念。在建设山区过程中，要利用各种形式，宣传生态学和生态经济学知识，这样能促进生产事业和山区建设的顺利发展。

（《农业现代化研究》1991年第12期）

贫困山区是潜在的巨大生产基地

我国贫困地区的问题实质上就是山区的问题，因为十八片贫困地区都在山区，后来虽然加上27个牧区县（旗）。由于是分散的而且相当一部分也在山区，基本情况没有改变。据报纸报道：1989年，国家重点扶持的331个贫困县，已有一半以上的县人均收入超过300元，初步摆脱了贫困。这个成绩是令人高兴的，但又使人感到差距之大。即使人均收入超过300元的，也只及全国水平的一半左右。未超过的，差距更大。据农业部的统计资料，1989年全国农村人均纯收入为522元，人均纯收入在500元以下的，县数占44.1%，人数占53.8%，说明脱贫任务之巨大。这个现状向我们提出解决贫困地区问题和山区问题的紧迫性。

我觉得我们不仅要认真研究扶贫工作问题，还应认真考虑整个山区的开发和建设，探索把扶贫工作与山区建设问题统一起来的途径和做法，使我国的山区开发和建设工作也进入一个新阶段。

一、解决认识问题

我认为首先应解决的一个认识问题是：山区是包袱，还是潜在的巨大生产基地？

我国的广大贫困地区或整个山区，是仅仅把它们作为扶贫对象、国家的包袱，还是作为一个潜在的巨大生产基地？即是把扶贫与建设生产基地结合起来，把富民与富国结合起来？这是值得认真思考和探讨的重大问题，它涉及扶贫工作的方针和要求问题，更涉及山区建设的方针与要求问题。

现在不少地方实际上把它们视为包袱，视为一项很困难的任务。从解决粮、棉、油、糖、肉、蛋、奶、水产等任务来看，而且从农业的老概念考虑，老区、贫困地区、民族地区，扩而大之，整个山区和牧区，实在不能贡献多少东西，只能是扶持的对象，是一个包袱。长期以来，我们就是这样认识的，以看待平原农区的眼光看待山区和牧区。这使我们吃了大亏，更使山区和牧区吃了大亏。现在应该更新这个老概念了。

从山区的特点和潜力来看就完全不同了。这里大有可为，是我们国家潜在的巨大生产基地。我国山区还有大量未被利用起来的土地资源、林草资源和野生动物资源。我国还有宜林荒山荒地 11.7 亿亩，草山草坡 7.2 亿亩，约等于现有耕地的面积。我国有木本植物 8000 多种，其中食用油为主的油料树 100 种左右，木本粮食树 400 多种，还有大量的药用植物、芳香植物，饲料树也有二三百种之多，禾本科和豆科牧草就有 2300 多种。已发现有重要经济价值的兽类 120 种，鸟类 150 种。还有地下资源。除原有的生产门路如竹、木、药材、茶叶、水果、工业原料等，都可以扩大经营外，新的生产基地如木本粮食（仅南方山区适宜种板栗的荒山就有 4.5 亿亩），木本油料（南方山区现有油茶林即达 6000 万亩）、蚕桑（可以大量发展）、草食畜牧业（南方草山面积相当于四个新西兰的草场，条件亦相似），更可以大规模地经营起来，既富山区，又能出口创汇和增加国内市场供应，一举多得。

还有一个思想认识问题要解决：即开展商品经济是完全寄托于出口，还是国内市场与国际市场兼顾并且大部分产品以国内市场为主？比如丝绸生产，有人以为不能大搞，因为国际市场有限（这一论点已影响到下面的情绪）。国内市场为什么不考虑？我国棉花紧缺，扩大又有一定限度，目前，每年还得进口一部分，为什么不能用丝绸替代一部分？在山区种桑养蚕、发展丝绸业，成本并不高。要人们多穿点丝绸和夏布也是完全可以的。我国是一个产丝绸的古国，现在穿丝绸的人很少，这对我们的社会主义制度来说，实在是一个很大的讽刺。1990 年我国蚕茧丰收，也只 44 万吨，仅为棉花产量的 10.4%，少得可怜，而且集中在川、江、浙三省（合占 80.4%），其他省区甚少。山区发展丝绸业大有可为，各地正在大力发展，对此，应有一个正确的认识和明确的指导方针，再不能让它受到挫折。

二、有计划地建设山区的任务，应该提出来了

90 年代是我国经济建设极为重要的时期，开发和建设山区的大课题，应该明确提出来，并以国家和省（区）重点扶持的 689 县（旗）为依托，有计划地较大规模地开展起来。必须这样做的理由是：

第一，扶持贫困地区人民脱贫致富，是党在农村一项长期的经济和政治任务，这实际上就是一个长期建设山区的任务，应该也必须结合起来进行。而且国务院设立了专门扶贫机构并有专项资金，应该有一个山区长期建设规划并按之实施。

第二，中央和省（区）重点扶持县绝大部分在山区，约占山区县（1491个）的45%。它们有专项资金，有一定部门帮助、有科技人员指导，有计划地把脱贫致富与建设山区结合起来，是完全有条件的，也是十分需要的。

第三，有一批山区县在山区建设中成绩卓著，它们大都是自力更生地搞起来的，虽然它们现在不一定是贫困县，但其经验十分可贵，应该大力推广。

第四，广东省在全省范围内进行山区建设并取得了成功。它已消灭了荒山，山区48县的国民收入，1989年比1985年增长了119.15%，比全省同期增幅高出5.4个百分点。1989年，农民人均收入707元（超过了全国的平均水平）。1991年3月12日党中央和国务院授予广东“全国荒山造林绿色第一省”的光荣称号。安徽、江西、福建等省也跟上来了。各地的山区建设活动实际上已开始，全国应该更有计划地进行起来。

第五，更为重要的是，有计划地建设山区巨大的生产基地，是增强我国农业后劲、实现农业过关的根本环节，既富山区又屏障平原农区。这样做，又为下一步的战略转移创造条件，影响深远。

第六，最大的理由是：山区人民迫切要求脱贫致富，迫切要求党和政府领导他们建设山区。他们等了四十年了，我们再不领导他们有计划地建设山区，就要犯大错误，脱离山区广大人民。

这样做难吗？要大量投资吗？

应该说，难度不小，也要增加一定的投资，但不是不能办的事。因为最大的投资是思想观念的改变，方针政策的转变和组织管理工作的加强，这是各级领导机关的事，不用增加什么投资而影响巨大。

三、建设山区应做几件事

为了有计划地开展和建设山区，从领导角度着眼，在现有基础上，应做好这样几件事：

第一，组建好山区县的县级领导班子，使它们真正成为一个团结战斗的、廉洁奉公的、能领导群众建设山区的战斗集体。要使新班子相对稳定，轮换或换届时保持一定的继承性。这是关键一条，各级领导机关要保证做到。

第二，要责成山区各县以县为单位制定有科学依据的长期综合发展规划并认真组织实施。已有了的就切实组织实施。贫困县由脱贫到小康，是一个长期奋斗过程，一般要 20~30 年，没有规划不行，不严格按规划执行也不行，要解决 7~10 届政府念一本“经”的问题。这是件大事，有无这样的规划，是靠科学还是个人拍脑袋的分水岭，是法治与人治的分水岭，是长期建设与短期行为的分水岭。过去未抓是大失误，再不能不抓了。

第三，在经济政策方面，对贫困地区、山区要放宽一些，以推动其经济加速发展。可以考虑，凡是新建立的生产基地，其产品允许其自行加工和销售，实行农工商一条龙。如果要收购其原料，就应帮助其建立基地并留一部分让其自行加工。那种需要时全部收走，不需要时全部不收的做法，对山区建设的破坏性太大，广大群众已到愤怒的程度，再不能重犯了。

第四，中央国务院各业务部门对山区的多头分散指挥问题，应切实加以解决。如从上面解决一时有困难，应规定县一级有协调权，以便能集中各部门的人财物力，为完成县的综合发展规划服务。目前，下面对这种分散状况反映极大，也确实使下面穷于应付，加上县级本身的短期行为，在不少地方形成软散无力状态，这是许多政策不能落实、许多问题无人负责和工作效率极度低下的症结所在。

第五，切实解决山区在科教兴农方面的一批实际问题。开发和建设山区，科技和教育工作是极为重要的一环，包括提高干部和农民的科学意识，引进和普及先进技术，培养新一代等等，任务繁重。但科技和农村教育目前存在一批实际困难，如资金短缺、设备陈旧、待遇太低、生活困难、子女就学就业困难等等，人才外流是集中表现。为此，要增加一定投入并规定一些优待政策，以调动他们的积极性。

第六，各级领导机关组织力量深入研究山区开发和建设问题，以加强对山区工作的指导，及时解决有关政策和科技方面的问题。这项工作任何部门都不能单独完成，要由党政领导机关组织多学科、多部门力量进行综合调查和研究，才能弄清问题所在和提出解决办法。

（《农业部农业政策研究会通讯》1991年第183期）

扶贫工作新阶段与有计划地建设山区

一、扶贫工作的新阶段

我国贫困地区的问题实质上就是山区的问题，因为十八片贫困地区都在山区，后来虽然加上27个牧区县（旗），由于是分散的而且相当一部分也在山区，基本情况没有改变。中共中央《关于制定国民经济和社会发展十年规划和“八五”计划的建议》对于扶持贫困地区的工作给予了极大重视。明确提出：“从1991年开始，贫困地区要在解决大多数群众温饱的基础上，转入以脱贫致富为主要目标的扶贫开展阶段，争取到本世纪末稳定地解决温饱问题，多数户过上比较宽裕的生活。”还指出：“扶持贫困地区人民脱贫致富，是党在农村一项长期的经济和政治任务。”

以脱贫致富为主要目标的扶贫开发阶段，应该看作是扶贫工作的新阶段，今后十年内，要使贫困地区人民“稳定地解决温饱问题，多数户过上比较宽裕的生活”，这是一项十分繁重的任务，完成这项任务要付出巨大的辛劳。另一方面，即使完成了，贫困地区也仍然落在全国平均水平的后面，不仅达不到小康水平，而且相当一部分户还过不上比较宽裕的生活，还得继续扶持。由此可以懂得“扶持贫困地区人民脱贫致富，是党在农村一项长期的经济和政治任务”这一论断的深刻含义。

这里提出一个新词：“稳定地解决温饱”，是针对初步解决温饱的提法讲的。有的地方提出“稳定地脱贫”一词，是针对脱贫又返贫或边脱边返的现象讲的。

新阶段、过硬指标、长期性，是过去扶贫工作经验教训的深刻总结，又是今后工作的指导方针，更显示出党中央的巨大决心。在这个新形势下，我觉得我们不仅要认真研究扶贫工作问题，还应认真考虑整个山区的开发和建设，探索把扶贫工作与山区建设问题统一起来的途径和做法，使我国的山区开发和建设工作也进入一个新阶段。

二、现实状况

《农民日报》(1990 年 7 月 16 日) 报道：国家重点扶持的 331 个贫困县，已有一半以上的县人均收入超过 300 元，初步摆脱了贫困。

有关资料指出国家重点扶持的贫困县（包括“三西”专项资金扶持县和牧区扶贫专项贴息贷款扶持县）共 328 个（比上述报道差 3 个），省（区）重点扶持的共 370 个，合计为 698 县。另据农业部资料，1989 年全国农村人均收入在 300 元以下的县为 364 个，即使全部为国家和省（区）扶持的县，

1989 年以县为单位农民人均收入水平表

	水　平	县数（个）	比重（%）	人口（万人）	比重（%）
贫困型	人均收入300元以下	364	14.2	12413	14.4
温饱型	300～500元	957	29.9	33746	39.4
脱贫型	500～700元	691	27	25666.6	29.8
比较富裕型	700～1000元	395	15.4	10844.1	12.6
小康型	1000元以上	156	6.1	3539.8	4.1

也只占698县的52.1%，即有47.9%的重点县人均收入超过了300元。这个成绩是令人高兴的，但又使人感到差距之大。即使人均收入超过300元的，也只及全国水平的一半左右。未超过的，差距更大。

为便于比较，将农业部统计的1989年以县为单位农民人均收入水平分类列表如下：

这一年全国农村人均纯收入为522元，比国家统计局的数字，约少100元左右。差距历来存在。

人均纯收入在500元以下的，县数占44.1%，人数占53.8%，说明脱贫任务之巨大。这个现状向我们提出解决贫困地区问题和山区问题的紧迫性，也加深了对“建议”有关部分的认识。

三、是包袱还是潜在的巨大生产基地

我国的广大贫困地区或整个山区，仅仅是扶贫的对象、国家的包袱，还是一个潜在的巨大生产基地？我们仅仅扶持其脱贫之富，还是又作为潜在的生产基地来建设，即把扶贫与建设生产基地结合起来，把富民与富国结合起来？这是值得认真思考和探讨的重大问题，它涉及扶贫工作的方针和要求问题，更涉及山区建设的方针与要求问题。

从“建议”的13条、28条看，老区、贫困地区、民族地区都是作为扶持的对象对待的，作为国家要认真解决的任务提出来的，并规定为长期任务，视之为包袱是很明显的。从解决粮、棉、油、糖、肉、蛋、奶、水产等任务来看，而且从农业的老概念考虑，老区、贫困地区、民族地区，扩而大之，整个山区和牧区，实在不能贡献多少东西，只能是扶持的对象，是一个包袱。长期以来，我们就是这样认识的，以看待平原农区的眼光看待山区和牧区。这使我们吃了大亏，更使山区和牧区吃了大亏。现在应该更新这个老概念了。

从山区的特点和潜力来看（牧区问题应有专文来谈，这里从略）就完全不同了，这里大有可为，是我们国家的潜在的巨大生产基地。我国山区还有大量未被利用起来的土地资源、林草资源和野生动物资源。据 1983 年区划部门调查，还有宜林荒山荒地 11.7 亿亩，草山草坡 7.2 亿亩，约等于现有耕地的面积。利用不合理的土地，可能还要大一些。《当代中国的林业》指出：我国有木本植物 8000 多种，其中食用油为主的油料树 100 种左右，木本粮食树 400 多种，还有大量的药用植物、芳香植物。一位专家指出，饲料树有二三百种之种。畜牧部门指出：仅禾本科和豆科牧草就有 2300 多种。《当代中国的林业》又指出：已发现有重要经济价值的兽类 120 种，鸟类 150 种。还有地下资源。除原有的生产门路如竹、木、药材、茶叶、水果、工业原料等，都可以扩大经营外，新的生产基地如木本粮食（仅南方山区适宜种板栗的荒山就有 4.5 亿亩），木本油料（南方山区现有油茶林即达 6000 万亩）、蚕桑（可以大量发展）、草食畜牧业（南方草山面积相当于四个新西兰的草场，条件亦相似），更可以大规模地经营起来，既富山区，又能出口创汇和增加国内市场供应，一举多得。

不用说南方山区，它是国际学术界公认的全世界的一块宝地。就是贫瘠出了名的太行山区，河北省委书记最近也明确指出："这里……资源雄厚，有广阔的开发条件和前景。……山区亟待开展，大可开发；科技进山是时代的需求、人民的呼唤"（《光明日报》1990 年 9 月 16 日）。贫困出了名的山西西山地区的开发治理工作已大见成效，并为富民与根治黄河提供了有益的经验。

还有一个思想认识问题要解决：开展商品经济是完全寄托于出口，还是国内市场与国际市场兼顾并且大部分产品以国内市场为主？比如丝绸生产，有人以为不能大搞，因为国际市场有限，这一论点已影响到下面的情绪，国内市场为什么不考虑？我国棉花紧缺，扩大又有一定限度，目前，每年还得进口一部分，为什么不能用丝绸替代一部分？在山区种桑养蚕、发展丝绸业，成本并不高。要人们多穿点丝绸和夏布也是完全可以的。我国是一个产丝绸的古国，现在穿丝绸的人很少，这对我们的社会主义制度来说，实在是一个很大的讽刺，必须改变这种状况。发展蚕桑丝绸事业，开辟国内市场，既可提高人民衣着水平，又可减轻棉区压力，更可发展山区经济，一举数得。“建议”24条只考虑棉纱和化纤，未考虑发展丝绸，似也有老概念在起作用的痕迹。1990年我国蚕茧丰收，也只44万吨，仅为棉花产量的10.4%，少得可怜，而且集中在川、江、浙三省（合占80.4%），其他省区甚少。山区发展丝绸业大有可为，各地正在大力发展，对此，应有一个正确的认识和明确的指导方针，再不能让它受到挫折。

其他三项新生产基地潜力更大，遇到的问题相似。看来，建设山区，解决贫困地区脱贫致富问题，首先有一个解放思想和概念更新问题。现在缺的不是“米”而是“巧妇”不会炊。长期以来，我们就是在潜在的巨大的生产基础里，死抱着老概念受穷。现在是猛醒的时候了。

四、有计划地建设山区的任务应该提出来了

90年代是我国经济建设极为重要的时期，开发和建设山区的大课题，应该明确提出来，并以国家和省（区）重点扶持的689县（旗）为依托，有计划地较大规模地开展起来。必须这样做的理由是：

第一，扶持贫困地区人民脱贫致富，是党在农村一项长期的经济和政治任务，这实际上就是一个长期建设山区的任务，应该也必须结合起来进行。而且国务院设立了专门扶贫机构并有专项资金，应该有一个山区长期建设规划并按之实施。

第二，中央和省（区）重点扶持县绝大部分在山区，约占山区县（1491个）的45%。它们有专项资金，有一定部门帮助、有科技人员指导，有计划地把脱贫致富与建设山区结合起来，是完全有条件的，也是十分需要的。近一半的山区县行动起来，推动力是十分巨大的。

第三，有一批山区县在山区建设中成绩卓著，它们大都是自力更生地搞起来的，虽然它们现在不一定是贫困县，但其经验十分可贵，应该大力推广。

第四，广东省在全省范围内进行山区建设并取得了成功。据《人民日报》（1990 年 11 月 28 日）和《光明日报》（1990 年 11 月 30 日）报道，它已消灭了荒山，山区 48 县的国民收入，1989 年比 1985 年增长了 119.15%，比全省同期增幅高出 5.4 个百分点。1989 年，农民人均收入 707 元（超过了全国的平均水平）。今年 3 月 12 日党中央和国务院授予广东“全国荒山造林绿化第一省”的光荣称号。安徽、江西、福建等省也跟上来了。各地的山区建设活动实际上已开始，全国应该更有计划地进行起来。

第五，更为重要的是，大规模地建设山区，有计划地建设上面讲的四大生产基地，是增强我国农业后劲、实现农业过关的根本环节，既富山区又屏障平原农区。这样做，又为下一步的战略转移创造条件，影响深远。

第六，最大的理由是，山区人民迫切要求脱贫致富，迫切要求党和政府领导他们建设山区。他们等了四十年了，不能再等了。我们再不领导他们有计划地建设山区，就要犯大错误——脱离山区广大人民。

这样做难吗？要大量投资吗？

应该说，难度不小，也要增加一定的投资，但不是不能办到的事：因为最大的投资是思想观念的改变，方针政策的转变和组织管理工作的加强，这是各级领导机关的事，不用增加什么投资而影响巨大。《人民日报》（1990 年 10 月 6 日）刊登的江西省铜鼓县的建设经验完全证实这一论点，更不用说其他山区建设先进县的经验了。

为了有计划地开展和建设山区，从领导角度着眼，在现有基础上，应做好这样几件事：

第一，组建好这批县的县级领导班子，使它们真正成为一个团结战斗的，廉洁奉公的能领导群众建设山区的战斗集体。要使新班子相对稳定，轮换或换届时保持一定的继承性。这是关键一条，各级领导机关要保证做到。

同时，加大县一级的权力，使它能集中使用各部门的人财物力，为建设山区总目标服务。

第二，要责成山区各县以县为单位制定有科学依据的长期综合发展规划并认真组织实施。已有了的就切实组织实施。

贫困县由脱贫到小康，是一个长期奋斗过程，一般要 20~30 年，没有规划不行，不严格按规划执行也不行，要解决 7~10 届政府念一本“经”的问题。

这是件大事，有无这样的规划，是靠科学还是个人拍脑袋的分水岭，是法治与人治的分水岭，是长期建设与短期行为的分水岭。过去来抓是大失误，再不能不抓了。

第三，在经济政策方面，对贫困地区、山区要放宽一些，以推动其经济加速发展。

可以考虑，凡是新建立的生产基地，其产品允许其自行加工和销售，实行农工商一条龙。如果要收购其原料，就应帮助其建立基地并留一部分让其自行加工。那种需要时全部收走，不需要时全部不收的做法，对山区建设的破坏性太大，广大群众已到愤怒的程度，再不能重犯了。

实行这样的政策，对国家收购没什么影响，对建设山区和发展山区经济，则极为有利，应认真研究和决定。

第四，中央国务院各业务部门对山区的多头分散指挥问题，应切实加以解决。如从上面解决一时有困难，应规定县一级有协调权，以便能集中各部门的人财物力，为完成县的综合发展规划服务。目前，下面对这种分散状况反映极大，也确实使下面穷于应付，加上县级本身的短期行为，在不少地方形成软散无力状态，这是许多政策不能落实、许多问题无人负责和工作效率极度低下的症结所在。

第五，切实解决山区在科教兴农方面的一批实际问题。

开发和建设山区，科技和教育工作是极为重要的一环，包括提高干部和农民的科学意识，引进和普及先进技术，培养新一代等等，任务繁重。但科技和农村教育目前存在一些实际困难，严重影响工作的开展，如资金短缺、设备陈旧、待遇太低、生活困难、子女就学就业困难等等，人才外流是集中表现。为此，要增加一定投入并规定一些优待政策，以调动他们的积极性，充分发挥他们的作用，派往那里的科技人员要与他们协同作战。

第六，各级领导机关组织力量深入研究山区开发和建设问题，以加强对山区工作的指导，及时解决有关政策和科技方面的问题。这项工作任何部门都不能单独完成，要由党政领导机关组织多学科、多部门力量进行综合调查和研究，才能弄清问题所在和提出解决办法。

以上几条，不用国家另投入多少资金，主要是加强领导机关的组织和管理工作，这也是机构改革的重要内容，是可以和应该做到的。做到了，下面的巨大能量就能释放出来，群众的积极性就能调动起来，其作用和影响是无法估量的。我国的山区建设事业就能蓬勃开展起来。

最为重要的是，现在时机很好，机不可失，各级领导机关千万不可失去这个时机。

（1991年3月30日）

扶贫工作的新阶段与老区建设
——关于开展老区工作的意见

我国十八片贫困地区都在山区，老区都比较贫困，是贫困地区的一部分。在中共中央《关于制定国民经济和社会发展十年规划和“八五”计划的建议》（以下简称《建议》）中，是把老区与其他贫困地区放在一起讲的，应根据《建议》对扶贫工作的新提法来研究老区建设问题。

一、扶贫工作的新阶段

《建议》提出：“从1991年开始，贫困地区要在解决大多数群众温饱的基础上，转入以脱贫致富为主要目标的扶贫开发阶段，争取到本世纪末稳定地解决温饱问题，多数户过上比较富裕的生活。”

以脱贫致富为主要目标的扶贫开发阶段，应是贫困地区工作的新阶段，要使群众脱贫致富，重点是致富。到本世纪末，只能力争做到“稳定地解决温饱问题，多数户过上比较宽裕的生活”，即是说还达不到宽裕水平，更达不到小康水平，仍然落在全国平均水平的后面，还得继续扶持。因此，《建议》明确指出：“扶持贫困地区人民脱贫致富，是党在农村一项长期的经济和政治任务”。

这里提出一个新词:“稳定地解决温饱”，这是针对初步解决温饱的提法讲的。有的地方提出稳定地脱贫一词，则是对脱贫又返贫的现象讲的。时脱时返，边脱边返，黄河两岸度春秋，像是文字游戏，实在没什么味道。

新阶段，长期性，过硬指标，是过去扶贫工作经验教训的总结，又是今后工作的指导方针。要据此重新考虑老区的工作和建设问题。

二、现状

《农民日报》(1990 年 7 月 16 日）报道,国家重点扶持的 331 个贫困县，已有一半以上的县人均收入超过 300 元，初步摆脱了贫困。

据有关部门资料，国家重点扶持的贫困县（包括“三西”专项资金扶持县和牧区扶贫专项贴息贷款扶持县）共 328 个（与上述报道差 3 个)，省区重点扶持的共 370 个，两者合计为 698 县。另据农业部资料，1989 年，全国农村人均收入在 300 元以下的县为 364 个，即使全部为国家和省区扶持的县，也只占 698 县的 52.1%，有 47.9% 的重点扶持县人均收入超过了 300 元。这个成绩是令人高兴的。

为便于比较，现将 1989 年以县为单位农民收入水平分类表列下：

1989 年以县为单位农民收入水平列表

水平	县数	比重	人口	比重
人均收入300元以下贫困型	364个	14.2	12413万	14.4
300～500元温饱型	957个	29.9	33746.5万	39.4
500～700元脱贫型	691个	27	25666.6万	29.8
700～1000元宽裕型	395个	15.4	10844.1万	12.6
1000元以上小康型	156个	6.1	3539.8万	4.1

这一年全国农村人均纯收入为522元，比国家统计局的数字，约少100元。两个统计的差距历来存在。

类型是我们加的，不一定妥当。

这个差距令人深思，如果分省区市统计，还可看出地区性差别，即沿海地区高，中部次之，西部最低。《农民日报》于1990年5月14日公布的1989年度各省市区农民人均纯收入一览表证实了这一点，当然总水平比农业部统计的高一些。

这个现状向我们提出解决贫困地区问题的紧迫性，也加深了我们对《建议》有关部分的认识。

三、是包袱还是巨大的生产基地

老区，贫困山区，扩而大之整个山区，仅仅是扶持的对象，国家的包袱，还是一个潜在的巨大生产基地呢？这个问题应该引起人们的思考。

从《建议》的13条、28条看，老区、贫困地区、民族地区都是作为扶持的对象对待的，作为国家要认真解决的任务提出来的并规定为长期任务，视之为包袱是很明显的。从解决粮、棉、油、糖、肉、蛋、奶、水产等任务来看，而且从老概念考虑，老区、贫困地区、民族地区、扩而大之，整个山区和牧区，实在不能贡献什么？只能是扶持的对象，是一个包袱。长期以来，我们就是这样认识的，以平原农区的眼光看山区（包括牧区），使我们吃了大亏，更使山区吃了大亏。

从山区的特点和潜力来看，就完全不同，这里大有可为，是一个巨大的潜在生产基地。除地下资源外，原有的生产门路如竹、木、药材、茶叶、水果、工业原料等等，都可以扩大经营；新的生产基地如木本粮食（仅南方山区适宜种板栗的荒山就有4.5亿亩）、木本油料（南方山区油茶林即有6000多万亩）、蚕桑（可以大量种植）、草山草坡畜牧业（南方山区有相当于四个新西兰的草场，条件亦相似），更可以大规划地经营起来，既富山区，又能出口创汇和增加国内市场供应。对此，认识到了的人越来越多了。

不说南方山区，它是国际上学术界公认的一块宝地，就是贫困出了名的山西西山地区（黄土高原的一部分）也大有可为，目前群众已行动起来，种果树、核桃、大枣等成了热潮，种草养兔、改造沙丘种柠条养羊等蓬勃兴起，特别是小流域治理规模愈来愈大，不仅流域内各项生产事业发展起来面貌一新，并且为治理黄土高原和根治黄河提出了一条新路。

还有一个思想认识问题要解决：搞商品经济不能完全寄托于出口而忽视国内市场的开辟。比如丝绸生产，有人以为不能大搞，因为国际市场有限。国内市场为什么不考虑？我国棉花紧缺，而耕地有限，扩大有一定限度，为什么不能用丝绸替代一部分？在山区种桑养蚕，成本并不高，而且我国唐朝以前没有棉花，人民衣着完全靠丝绸和麻葛解决，有传统，夏天穿丝绸和夏布是完全可以的，这样做，既提高人民衣着水平，又减轻棉区压力，更发展山区经济，一举多得。《建议》24 条，也只考虑棉纱和化纤，没有考虑丝麻，似也是老概念在起作用。1990 年我国蚕茧丰收，也只 44 万吨，仅为棉花产量的 10.4%，实在少得可怜，而且四川、江苏、浙江三省即占产量的 80.1%，其他省区所产甚少。这也说明生产潜力之大。山区发展丝绸业大有可为，而且各地正在发展，对此应有一个正确的认识并给予大力支持。

其他三项新生产基地，潜力更大，遇到的问题也有些相似。

可见，建设山区，解决老区、贫困地区致富问题，首先有一个解放思想和概念更新问题。

四、建设山区的问题应该提出来了

开发和建设山区的大课题，现在应该明确提出来，并以国家和省区重点扶持的 698 个县为依托，分批分期开展。必须这样做的理由有五：

第一，扶持贫困地区人民脱贫致富，是党对农村一项长期的经济和政治任务。贫困地区绝大部分都在山区，实际上是一个长期建设山区的任务。

第二，国务院设立了专门扶贫机构并有专项资金。既然是长期的，就应有一个发展规划，按规划实施。

第三，中央和省区重点扶持县共698个，绝大部分在山区，约占山区县（1491个）的46.8%，以它们为依托，有计划把脱贫致富与建设山区结合起来，是完全可能的，也是十分应该的。

第四，有一批山区县在山区建设中成绩卓著，其经验十分可贵，应该大力推广。

第五，广东在全省范围内进行山区建设取得了成功经验。据《人民日报》（1990年11月28日）和《光明日报》（1990年11月30日）报道，它已消灭了荒山，山区48个县的国民收入，1989年比1985年增长了119.05%，比全省同期增幅还高出5.4个百分点。1989年，农民人均收入707元，高于全国的平均水平。安徽、江西、福建等省也跟上来了，决定几年之内消灭荒山，几年之内绿化全省。

为了有计划地开发和建设山区，从领导角度看，应做好这样几件事：

第一，组建好县级领导班子，使它成为一个团结战斗的，有决心有能力又廉洁奉公的，能领导群众长期建设山区的战斗集体。把不安心的、无能力或能力弱的、怕吃苦的人调离开。使新班子相对稳定，轮换和换届时应保持一定的继承性。这是关键一条，各级领导要保证实现。应该承认，现实状况与此要求相差甚远，也是山区许多问题长期不能解决的主要根源之一。

同时，加大县一级的权力，使它能集中使用各部门的人财物力，为建设山区服务。没有这一条，好的领导班子也只能面山长叹而已。

第二，要责成山区各县，以县为单位制定有科学依据的长期综合发展规划并认真组织实施。

贫困县由脱贫到小康，是一个长期奋斗过程，一般要20~30年，没有规划不行，不严格按规划执行也不行，要解决7~10届政府念一本经的问题。

农业区划工作成果是规划的基础，应充分利用。这样做，既省时间和人力，又使工作衔接起来。

这是件大事，有无这样的规划，是靠科学还是个人拍脑袋的分水岭，是法治与人治的分水岭，是长期建设与短期行为的分水岭。过去未抓是大失误，再不能不抓了。

县的规划还要分解到乡并组织实施，使各乡村均行动起来。

第三，切实解决贫困地区、老区进而整个山区科教兴农方面长期没有解决的实际问题。

开发和建设山区，科技和教育工作是重要一环，包括提高干部和农民的科学意识，引进和普及先进技术，培养新一代等等，任务繁重。但科技和农村教育目前存在一批实际困难，严重影响工作的开展，如资金短缺、设备陈旧、待遇太低、生活困难、子女就学就业困难等等，人才外流是集中表现。为此，要增加一定投入并规定一些优待政策，以调动他们的积极性，充分发挥他们的作用，派往那里的科技人员要与他们协同作战。

第四，在经济政策方面，对贫困地区和老区要放宽一些，以推动其经济加速发展。

可以考虑，凡是新建立的生产基地，其产品应允许其自行加工和销售，组成农工商一条龙。如果要收购其原料，就应帮助其建立基地，并留一部分让他们自行加工。那种需要时全拿走，不需要时全不要的官商做法，再不应该继续下去了。山区人民最怕这一条，它已严重影响山区经济的发展。

对新建的生产基地，明确规定这一条政策，对国家收购计划没有什么影响，对建设山区和发展经济，则极为有利。应认真考虑。

此外，库区生产和移民的善后问题很大，面也较广，下面反映强烈，需要通盘解决，久拖极为不利。

第五，中央各部门对山区的多头分散指挥问题最好中央有一个部门加以协调，如一时有困难，应允许县一级有协调权，以便能集中或协调各部门的人财物力，为完成县的综合发展规划服务。

目前，中央没有一个部门统一考虑县的问题，省也没有，又无权协调各部门给的任务，只能被动地乱应付，加上本身的短期行为，形成软散无力状态，这是许多政策不能落实，许多问题久拖不决的关键之一。这个问题解决的如何，对建设山区关系极大。

以上几条，不用国家另投入多少资金，主要是加强领导和管理工作，只是加重领导部门的任务和工作量，这也是改革的重要内容，是可以和应该做到的。做到了，对于贫困地区、老区建设，对于山区建设，将发挥巨大的推动作用。我们以为老区可以先实行起来。

上面四个问题是我们学习《建议》有关条文，结合对老区、贫困地区情况的了解，提出的一点想法，不妥之处，请批评指正。

（在中国老区促进会理事会议上印发，1991年12月25日）

纵谈山区建设的新阶段

一、我国山区建设面临的新形势

现在我国山区建设进入了一个新阶段，一个有计划、规模较大的建设活动已经开始，其标志主要有以下几点。

第一，理论界、学术界提出了一些新论点。

一是林、农、牧、渔、副新排列次序论。复旦大学教授兼中国《资本论》研究会副会长张薰华在所著《生产力与经济规律》一书中提出一个新的论点：认为农、林、牧、副、渔这种排列次序不够科学，应改为林、农、牧、渔、副。理由是："由于农业应是生态农业才有发展前途。……森林是生态系统的支柱，没有'林'生态系统就会崩溃，就没有农、牧、渔的发展。'林'，是人类生存问题，'农'是人们吃饭问题。农业搞不好会饿死一些人，森林砍光了会使整个人类难以生存下去。因此'林'应放在首位，至于工副业非农业正业，应在末位。所以，比较科学的次序应是：林、农、牧、渔、副"。[1]

① 张薰华．生产力与经济规律．上海：复旦大学出版社，1989：74.

这是经济学家从人类生存和发展生产力着眼提出的新论点，反映了这样几个问题：(1) 反映了人们生态意识的增强，认真考虑人类生存条件这样的根本问题，对自然界的态度发生了明显的变化，注意到保护和建设环境。(2) 反映了人类对森林的依赖程度大大增强。由于对森林的破坏日益加剧，威胁到人类生存，从而痛感到森林的重要和不可缺少。(3) 反映了对农业认识的深化。种植业也需要森林的保护，仅仅农田防护林不够，还需要有一个森林大环境。

这个新提法促使我们重新考虑农业发展战略问题，再不能就种植业抓种植业、就粮食抓粮食，也不能只在耕地里打转。首先要抓农业大环境即森林的建设，实行大农业发展战略。水利是农业的命脉，这是对的。但森林又是水的基础，山清水秀，山穷水尽，凶山就要出恶水，有了森林，既保护了水资源，又保护了农、牧、渔业，所以，林业是最根本的农业基本建设。明确提出把森林放在第一位，使人们对农业的认识进入一个新的境界。森林不仅是人类文化的摇篮，大地之肺，陆地生态的主体，还主宰着农业的兴衰。当然，这里讲的“林”，是大林业的概念，与长期以来林业就是大木头的概念是根本不同的。

二是生态林业思想的兴起。林业部于 1990 年 4 月 3 日到 7 日在京召开了生态林业研讨会，专家们对生态林业的表达方式虽不尽相同，但基本思路一致，“共同之处有这样几点：(1) 发展林业的指导思想，是以生态学原理、生态经济原则为依据。(2) 遵循生态学原理，努力探索发挥森林的多种效益及开发利用森林的多种资源的价值。按照生态系统的整体规律，达到多层次物质和能量循环利用的有效途径。(3) 主张开发以林为主，立体开发，综合利用，以短补长，建立生态经济型的林业。(4) 通过生态林业建设，摆脱林业困境，增强活力，建设一个具有中国特色的社会主义现代林业。”专家们还认为“生态林业的出现，是历史发展的必然，是大势所趋”。这个论断非常重要，讲清了生态林业的特点，还讲清了实行生态林业的必然性与紧迫性。

三是“希望在山区”论。我国农业面临的形势是十分严峻的,出路在于:跳出耕地的小圈子，在经营好耕地的同时，认真经营山区，开辟新的生产领域，增加新的经营内容，真正实现向生产的广度和深度进军，把我国农业推进到一个新的阶段。认为现在应该明确提出潜力在山区、希望在山区的问题。[①] 有这样认识的人越来越多。例如，《未来十年的中国农业问题》[②] 从研究粮食生产、农村剩余劳力出路等问题着眼，得出了相同的结论。一些地区提出“向山区要财富的口号。

第二，基层干部和群众积极行动起来，并取得显著的成绩。

各地山区都出现了一批好的典型，靠建设山区发财致富，真正把发展生产与建设山区结合了起来。特别令人高兴的是,有些典型已上升到县一级，整个县行动起来，有计划地运用生态经济思想进行山区建设，不仅创造了新的经验，并且得到了不同层次领导部门的肯定，影响也越来越大。如安徽省金寨县，湖北省京山县，山东省五莲县，浙江省临安县，辽宁省新宾县，四川省大足县，山西省河曲县，河北省邢台县、迁安县，广东省始兴县，江西省铜鼓县等。它们又都是生态农业县或生态林业县,因而又把生态农业、生态林业建设提高到以县为单位有计划进行的新阶段。一些地区和市也积极行动起来，这是生态经济思想更加深入和普及的新形势。

第三,一些省积极抓山区建设。

广东省一马当先,几年前确定了“5 年消灭荒山,10 年绿化广东”的任务,一直抓住不放。1990 年底宣布已消灭了荒山。全省 48 个山区县，4 年国民收入翻了一番，农民人均纯收入达 707 元，增长 80.36%[③]。安徽、福建等省也采取了类似做法。最近,河北省省委书记写了《在希望的山野上》一文,提出了河北省“山区资源雄厚，有广阔的开发条件和前景。山区亟待开发，大可开发”的论点，还指出河北省的山区科技开发已经历了由单项技术和

①《生态学杂志》，1989 年第 1 期。

②《农业经济问题》，1990 年第 5 期。

③《人民日报》，1990 年 11 月 28 日。

单项资源开发、配套技术和优势资源开发，到目前的区域性综合技术开发等三个阶段。而且“区域性综合技术开发正在显现出勃勃生机，展示着山区开发的光明前途”①。生态环境极为严峻的太行山，能大有可为、大可开发，这对全国的山区建设将起到极大的鼓舞作用。

第四，全国一大批贫困山区县，由于得到国务院和有关省区的专款扶持和科技力量支援，积极进行脱贫致富工作。

这类县共有671个，它们既有专款扶持，又有技术人员帮助，各项开发和建设项目不断增加。由于它们绝大部分在山区，因而极大地推动了山区的开发和建设活动。根据中共中央《关于制定国民经济和社会发展十年规划和“八五”计划的建议》，扶贫工作即将进入新的阶段，而且是党在农村一项长期的经济和政治任务，对山区建设将发挥更大的推动作用。

新中国成立以来，我国山区开发大体经历了三个阶段，首先是向山区要粮，这一阶段历时最久，吃了大亏，资源遭到很大破坏。其次是向南方山区要肉，是由科研人员提出来的，一开始就有争论，未形成大的动作。但试点不少，成绩也较显著。其三，向山区要财富，进行综合开发。这是唯一可行之路，得来不易，但刚刚开始，并且要经历一个艰苦建设过程。我们终于找到了正确的途径，而且领导、学术界和山区群众想到一起了。这是一个极好的时机，一定要抓住。

二、山区的优势所在

为什么当前会形成一个山区开发和建设的新的热潮？为什么领导、学术界和山区人民会想到一起？为什么要提出建设山区的任务？我以为这是有深刻的社会、经济等原因的，主要是：(1) 这是我国多山的特点决定的；(2) 人口压力；(3) 农业环境危机；(4) 18片贫困落后地区都在山区的现实也迫使

①《光明日报》，1990年9月16日。

我们要积极建设山区；(5) 沿海地区经济起飞，必须同时进行山区建设，以保证适当的距离；(6) 最重要的是我国山区蕴藏着巨大优势，是希望所在。

这里着重谈山区优势所在。

第一，我国山区有大量的荒山、荒坡、草坡、疏林地和利用不当的土地，可以发展各种生产事业，满足城乡人民生活和经济建设的需要。据 1983 年区划部门调查，我国还有宜林荒山荒地 11.7 亿亩，可利用草山草坡 7.2 亿亩，北方可利用草原 33.7 亿亩。特别是我国南方山区条件优越，是全世界公认的一块宝地。这个优势愈来愈被人们所重视。

第二，山区可以生产大量的木本粮食和木本油料。有关部门统计，我国有木本粮食作物 400 多种，食用油为主的木本油料作物 100 多种。这些都是优质产品、高级营养品，人民生活水平提高后，对这些产品的需求量愈来愈大。山区大量生产这些产品，既可使山区富起来，又可减轻农区的压力，还能满足城市的需求和出口创汇。

第三，山区可以大量种桑养蚕，建立强大的丝绸生产基地。对内，可以减轻棉花需求和改善人民衣着水平，减轻棉区压力；对外，可以创汇。种桑，既是造林绿化，也是很好的薪炭林，桑皮又是高级纸的原料，一举数得。唐朝以前，我国没有棉花，主要靠丝绸和葛、麻解决穿衣问题，这个历史事实更能促使我们思考问题。发展丝绸，眼睛只盯着国外市场是短视的，主要市场在国内，并着眼于提高人民的衣着水平。有了这样的思想，就完全主动了，忽冷忽热的现象也会减少，蚕桑事业就可以长足发展起来。

第四，我国南方草山相当于四个新西兰的草场，自然条件也大体相当，经营起来，可以大量提供牛羊肉、牛奶和皮毛。北方草原也大有发展余地。我国耕地有限，猪的发展有一定限度，今后大量增加肉食，应主要靠草地畜牧业，经营草山、草坡和草原势在必行。这样做，既富了山区和牧区，又减轻了农区压力，也是一举多得。

第五，山区原有的许多产品，如水果、茶叶、竹笋、中药材、各种工业原料（桐油、乌桕、漆、棕）等，都可以继续发展，扩大经营。提高质量后，出口也将增加。

第六，有众多的野生动物资源可以利用，这又是一个广阔的生产领域。我国野生动物资源是丰富的。《当代中国的林业》指出：我国有兽类450种，鸟类1186种，两栖、爬行类516种。除一部分生活在河流、湖泊、草原和荒漠、农区外，大部分栖息于林区，其中已发现有重要经济价值的兽类120种、鸟类150种。在建设山区过程中，积极利用和饲养野生动物，是一项大有可为的新兴产业。目前已有专门养蛇、养熊、养貂、养娃娃鱼、养野鸡、养甲鱼、养蝎子等专业户，这是一个极为可喜的开端。应该在这个基础上，积极开展饲养野生动物的试验和饲养活动，为大规模利用野生动物资源创造条件。

第七，山区产品的最大优势是没有污染。随着人民生活水平的提高，清洁食品将越来越受到重视。山区相比平原特别是城市郊区不易受到污染，这是山区的最大优势。山区要充分利用这一优势并保护这一优势，在开发和建设过程中，不要引进污染工业，不要破坏优美的环境，这样，就能立于不败之地。对此，山区各级领导应有高度自觉性和警惕性。

这里向我们提出这样一个问题；山区能否比平原发展得更快一些？而且会更富一些？我认为应该这样。理由是：(1) 山区人口密度较小，人均占有资源较多，有一个广阔的生产领域，大有可为。(2) 山区生产的东西丰富多彩，又是清洁食品，销路好。(3) 大部分山区恢复植被和发展生产并不太难，只要方针对头，见效就比较快。(4) 开发和建设山区是国家建设的需要，早晚得增加投入，加快建设。(5) 山区人民迫切要求富起来，一旦找到了正确途径，其建设力量是不可估量的，一些山区县在不太长的时间内就做出了很大成绩，就是证明。(6) 我国许多山区有革命传统，这是一股强大的力量。当然，山区也有一些不利条件，如交通不便、人民文化低、信息不灵、科技力量少等，这些是可以逐步解决的。

与之相联的另一个问题是：目前的贫困山区是国家的包袱还是一块宝地，是一块潜在的巨大生产基地？应该承认，目前人们是把它作为包袱看待的，这是因为：(1) 它目前还很穷，国家每年要拿出一大笔贷款扶持，而且打算长期扶持；(2) 从传统的农业概念看，从能提供的粮、棉、油、糖等农产品看，它们提供的确实不多，有些地方粮食还不能自给；(3) 每年能上交利税也较少，大部分是财政补贴县；(4) 自然灾害多、地方病多，每年国家救灾的重点，相当部分就是这些地方；(5) 从经济发展水平看，它们也比沿海和平原地区差一大截。这些都是事实，但这是我们对山区认识上的偏差和工作上的失误造成的。人们现在对山区的看法，是错误的。山区的本质是富的，它的潜力所在上面已详细论述了。

三、运用生态经济思想指导山区建设

把山区的优势释放出来变成现实，是我们面临的一项艰巨任务。为了完成这项任务，首先要有一个科学的指导思想，以便彻底与长期困扰我们的掠夺性经营思想、小农业思想、短期行为以及条条各自为政等决裂。

关于生态经济，《人民日报》（1990 年 10 月 6 日）在报道江西省铜鼓县生态经济建设纪实的同时，写了一篇短评，指出“生态经济这门科学尽管人们还很陌生，但并不神秘。发展生态经济是条新路，并不需要什么尖端技术和庞大设备。这是一种科学理论，一种认识方法，一条现实的林业开发和经济开发的道路。”这门科学是国际上新兴的边缘学科，也是新的经济思想。

所谓生态经济思想（生态农业是它的重要组成部分），是国际上著名的思想库罗马俱乐部在它的第九个报告即《关于财富和福利的对话》中提出来的，时间是 1981 年。这个新的经济思想，把生态学与经济学结合起来，并认为生态学是新的扩大的经济学的基础。它明确指出“经济和生态是一个不可分割的总体。在生态遭到破坏的世界里，是不可能有福利和财富的。旨在普遍改善福利条件的战略，只有围绕着人类固有的财产（即地球）才能实现，而筹集财富的战略，也不应与保护这一财产的战略截然分开。……一面创造财富一面又大肆破坏自然财产的事业，只能创造出消极的价值或

‘被破坏’的价值。如果没有事先或同时发生的人的发展，就没有经济的发展。”[①]

在国内，已故著书经济学家许涤新于1980年提出的两个规律之间，一般说来，自然规律起决定作用的论点，是这个思想的另一种表述方式。

中外学者差不多同时提出这个问题，反映了时代的要求，值得我们深思和重视。

自那时以来，这个新思想不断得到各方面的重视和运用，例如，世界银行提出“环境管理对经济增长至关重要”的论点，建议“把注意力集中在解决全球性环境恶化的问题上”，“加强努力来把自然资源管理纳入国家和部门的经济计划之中。”[②]新的文化观也引进了生态思想，即认为现代科学文化是包括科学文化、人文文化和自然文化在内的复杂的文化生态系统，称之为大文化。[③]国内学者近年来还分别提出了建设生态文化、生态文明等观点。如陈敏豪提出建设生态文化的问题，以为人类生态学时代的文明将在21世纪逐渐放出异彩。[④]叶谦吉呼吁从现在起就开展“生态文明建设”。还指出“国外有识之士认为，21世纪将是生态学的世纪。这是科学的预见。但我认为，更确切地说，21世纪应是生态文明建设的世纪。人与自然应成为和谐相处的伙伴。”[⑤]上面提到的对于林、农、牧、渔、副新排列次序的观点，也是认识发展的一种表现。总之，对环境的认识正在不断深化，国内、外专家学者正从各个角度重新认识它，这正是生态时代的特点。要密切注视这种新发展，我们自己也应不断加深认识。

十分清楚，经济工作者特别是农业工作者如果没有生态经济思想，没有这样高度的战略眼光和宽广胸怀，那么，单纯经济思想、以邻为壑、急

① 奥尔利欧·佩奇．世界的未来．北京：中国对外翻译出版公司，1985：71.

② 《参考资料》，1987年4月19日。

③ 《百花齐放，生态共荣》，见《光明日报》1988年5月12日。

④ 陈敏豪．人类生态学——一种面向未来世界的文化．上海：上海交通大学出版社，1988：340-347.

⑤ 叶谦吉．生态农业——未来的农业．重庆：重庆出版社，1988：332-335.

功近利、短期行为等等，是不易清除的。

我们一定要学会运用生态经济思想，运用这门新兴的边缘科学，来开发和建设山区，真正做到把发展生产与建设环境结合起来，使绿化、富化、美化同时实现，把山区逐步建成物产丰富，景色宜人，不仅能吸引游人，还能吸引城市和平原居民来参加建设的地区。

（《林业经济》1991年第6期）

当前影响我国贫困山区发展的两个问题及解决意见

我国的贫困地区都在山区，实际上就是贫困山区。它们比较集中，共有 18 片 507 县，涉及 19 省区，范围广大而社会经济情况极其复杂多样。其中有老革命根据地，有少数民族聚居地区，有边远地区，也有自然条件极为恶劣的地区。自 1984 年中共中央和国务院发出《关于帮助贫困地区尽快改变面貌的通知》以来，由于各级党政机关加强了领导，有关部门增加了投入，社会各界广泛支援，特别是贫困山区人民人心振奋和积极努力，相当部分地区解决了温饱，其余地区的人民生活也有了改善，整个贫困山区正在向好的方向发展。

为了更有效地开发和建设我国的贫困山区，当前有两个问题需要进一步解决。一是对贫困山区的认识问题，即我国贫困山区究竟是经济建设中的包袱，还是一个潜在的巨大生产基地？二是发展战略问题，即先抓单项开发以尽快脱贫然后再解决致富，还是一开始就有计划地进行综合开发和建设，把发展生产与建设环境结合起来，把脱贫致富与建设商品生产基地、持久地提供商品和财富结合起来？这两个问题又是互相联系、密不可分的。

关于第一个问题，我国的贫困山区究竟是一个包袱还是一个潜在的巨大生产基地，这不仅是一个认识问题或理论问题，而且是一个非常现实的问题，涉及这类地区的开发和建设战略以及资金和人才的投向。

我以为应是后者，但长期以来人们却作为包袱看待，它正是“过去国家为解决这类地区的困难，花了不少钱，但收效甚微”的症结所在。值得注意的是，这种看法不仅发生在基层，上层也是如此。《中国边缘地带的经济增长》（人民出版社，1990 年出版）一书，根据资料得出如下结论：“在 1952 ~ 1987 年的 35 年中，边缘地带经济增长率远远低于全国整体的水平”，前者为 1.8%，后者为 4.8%（第 22 页和第 54 页），差距愈来愈大。主要原因是“增长计划制定者将边缘地带视作一个生存地带，并不指望这个地带能够参与国民经济增长过程。计划人员分配给边缘地带增长资源时的吝啬与分配给生存资源时的慷慨大度形成鲜明对照。边缘地带地方政府从上级政府那里取得生存资源的可能性远远高于获取增长资源的可能性”（第 97 页）。“中央和省政府对边缘地带的基本政策，是满足其最低生存需要，……而对这个地带的工业化和传统农业改造问题并未给予足够重视”（第 157 页）。这些结论充分说明将贫困山区视为包袱的特点。这里讲的边缘地带，包括贫困山区，但范围更广泛一些。

地方政府更是如此，贫困山区能不饿死人、不外逃，能在这里生存下去，他们就满足了，不指望这些地方提供什么产品和财富。

干部呢？主动愿到这些地方工作的很少，愿调出的则很多，视这些地方是一块难啃的硬骨头，也不愿主动去啃。

以上是“包袱论”的一些表现。

我国的贫困山区真的只是一个生存地带，那里的居民真的只能永远勉强度日？如果不是，潜力在哪里呢？说它是一块潜在的巨大生产基地，根据又是什么呢？我国山区（贫困山区是重要组成部分）的潜力，我以为有如下 7 条：

第一，我国山区有大量的荒山、荒坡、草坡和疏林地带及利用不当的土地，可以发展各种生产事业，满足城乡人民生活和经济建设的需要。

1983年农业区划部门调查，我国有宜林荒山荒地0.78亿公顷，可利用草山草坡0.48亿公顷，北方可利用草原2.25亿公顷。特别是我国南方山区条件优越，是公认的全世界的一块宝地。

第二，山区可以生产大量的木本粮食和木本油料，如板栗、大枣、柿子、白果（银杏）、核桃、油茶、花椒、文冠果等等。有关部门统计，我国有木本粮食树400多种，食用油为主的油料树100多种。这些都是优质产品，高营养产品，人民生活水平提高后对这些产品的需求量愈来愈大，国内国外均如此。在山区建立基地大量生产这些产品，既可使山区富起来，又可减轻农区的压力，还能满足城市的需求和出口创汇。

第三，山区可以大规模种桑养蚕，建立强大的丝绸生产基地。对内，可以减轻对棉花的需求和改善人民衣着，减轻棉区的压力；对外，可以创汇。种桑，既是造林绿化，桑树林也是很好的薪炭林，桑皮又是高级纸的原料，一举多得。1990年我国蚕茧丰收，也只44万吨，仅为棉花产量的10.4%，少得可怜，而且四川、江苏、浙江3省即占产量的80.1%，可见整个山区蚕桑生产潜力之大。唐朝以前，我国没有棉花，主要靠丝绸和葛、麻解决穿衣问题，这个历史事实更能促使我们思考问题。发展丝绸只盯着国外市场是短视的，主要市场在国内，应着眼于提高人民的衣着水平。有了这样的思想，就完全主动了，蚕桑事业就可以长足发展起来。目前的生产形势也是非常好的，许多山区人民发展蚕桑的积极性很高。

第四，我国南方草山相当于4个新西兰的草场面积，自然条件也大体相当，经营起来，可以大量提供牛羊肉、牛奶和皮毛。北方草原也大有发展余地。我国耕地有限，猪的发展有一定限度，今后增加肉食，应主要靠草地畜牧业，经营草山草坡和草原势在必行。这样做，既富山区和牧区，又减轻农区的压力，也是一举多得。

第五，有众多的野生动物资源可供利用，这又是一个广阔的生产领域。《当代中国的林业》指出：我国有兽类450种、鸟类1186种、两栖和爬行类516种，除一部分生活在河流、湖泊、草原和荒漠、农区外，大部分栖息于林区，其中已发现有重要经济价值的兽类120种，鸟类150种。积极利用和饲养野生动物，是一项大有可为的新兴产业。目前已有专门养蛇、养熊、养貂、养娃娃鱼、养野鸡、养甲鱼、养蝎子等专业户，是一个极为可喜的开端，应该在这个基础上，积极开展饲养野生动物的试验，为大规模利用野生动物资源创造条件。

第六，山区原有的许多传统产品，如水果、茶叶、竹笋、中药材、各种工业原料、各种香料作物等等，都可以继续并扩大经营，提高质量后，出口也将增加。

第七，山区产品的最大优势是没有污染。清洁食物将越来越受到青睐，这是大势所趋，人们生活提高后，就更注意这一点了。在开发和建设过程中，不要引进污染工业，不要破坏优美的环境，这样，就能永远立于不败之地。

只要贫困山区利用各自资源优势，建立起各有特色的商品生产基地，不仅当地居民能脱贫致富，还能为国家提供大批有竞争力的商品和财富，这是完全可能的而且是不难实现的。因此说它们是一个潜在的巨大生产基地，绝不是幻想和空谈，是有充分根据的。

这些潜力，为什么人们长期视而不见、弃之不用，反而把贫困山区视为包袱呢？从农业方面讲，主要是小农思想作怪。这种思想的特点是：只看到耕地，只知道要五谷杂粮和棉油糖，而且抱着“粮食未过关，其他顾不上”的僵化态度。搞五谷杂粮生产，正是山区特别是贫困山区的劣势所在，耕地少，扩大的可能性更小，不少地方粮食不能自给，棉油糖更谈不上。这样就必然要被视为包袱。不仅如此，在这种思想指导下，为了粮食自给，又不得不毁林开荒，破坏植被和资源，造成新的水土流失，增加自然灾害特别是旱涝灾害的发生率，从而造成新的困难，并进入恶性循环而不能自拔。此外，其他一些现实状况也加强了这一看法，比如由于目前人民贫困，国家每年得拿出大笔救济款项；县财政困难，年年靠补贴过活；自然灾害多，年年需救济；地方病多，年年需支出大笔医疗费用；还有交通不便，人民文化低等等。对这些现象，如果不从主观指导上找出深层次的原因，只是就事论事，也必然会得出“它们实在是一个包袱”的结论。总之，“包袱论”的长期存在是有一定原因的，而且没有一定条件和有力措施也不易排除。

现在，由于我国人口压力愈来愈大，必须开辟新的生产领域以养活众多人口；由于商品经济的发展和人民生活水平的提高，山区的许多土特产品，如各种水果、板栗、核桃、白果、大枣、竹笋、药材等等，需求量大增而且价格看好；特别是各地涌现了一批开发山区致富的典型，打开了人们的眼界，为重新认识山区特别是贫困山区创造了条件，彻底改变了人们对山区、贫困山区看法的时机已到来了。应该采取有力措施，提高广大干部和群众对贫困山区的认识，把贫困山区建成各种商品生产基地，彻底改变其面貌，做到既富山区又富国家。

关于第二个问题，即如何开发和建设山区特别是贫困山区，是搞一些短平快项目先脱贫然后再设法解决致富问题，还是一开始就进行有计划的经济建设，把帮助脱贫与建设商品生产基地结合起来，把发展生产与建设环境结合起来，以逐步实现稳定脱贫和改变面貌？

应该是后者。由于认识问题没有解决，实际上又是按前者的要求在工作着，这样，新的失误有可能发生。不少地方已发生了，比如仓促上了一些工业项目，有的有产值无利润，有不少成了“开关厂”，建成后即停产。这是很容易理解的，在认识未提高以前最容易走老路。实际情况却是在农业未发展起来以前，资源很少，许多加工业是无法上马的。这也说明提高认识的重要性和按新思路建设贫困地区的紧迫性。

为什么要一开始就进行有计划地开发和建设？这是因为贫困山区本身就是一个复杂的大系统，而且困难很大，问题很多，不进行认真的研究，不进行系统规划，就不会有正确的措施，当然也不能有积极成果。这方面的教训太多了，领导机关也已估出了“钱花了不少，但取效甚微”的结论，我们再也不能重复这样的失误了。另一方面，我们已有了一批成功的典型，这就是一批生态农业试点县的实践经验。他们首先组织科研人员制定一个社会、经济、生态协调发展的综合发展规划，然后把各部门的人财物力协调起来，进行有计划地开发和建设，切实实施发展生产与建设环境结合，富民、富乡、富县结合，发展农业与发展乡镇工业结合，并把农村各项建设事业有机协调起来。在同样投资、同样人财物力的条件下，取得了非常显著的效果。更值得注意的是，规划由县人代会通过，具有法律效力，在一定时间内（一般到2000年，有的还更长一些），各届政府都得执行，力争工作衔接，人们称之谓各届政府共念一本“经”。我们已有三任和四任县长念一本“经”的实例，不仅成果显著，并得到干部、群众的好评和支持。看来，以县为单位有计划地进行系统开发和建设，是一条新的非常有效的发展经济的道路，可以一举摒弃掠夺性经营思想、小农思想、短期行为和各自为政等毛病。这种做法对于贫困山区尤为需要。

这样做难吗？在贫困山区普遍推行办得到吗？我以为并不如人们想像得那样难，而且普遍推行的条件已具备了。第一，各县都搞了农业区划工作，在此基础上搞建设规划是顺理成章的事，不搞就等于半途而废。第二，帮助贫困山区改变面貌已成为政府的长期任务，设有专门机构负责，又有专项资金，当然要进行有计划地开发和建设。第三，各级政府都组织力量具体帮助某个贫困山区脱贫致富。第四，中国系统工程学会所属农业系统工程专业委员会，十几年来已帮助400多个县制定了类似的规划，培养了一批专业人才，编辑出版了一套丛书，为大规模进行开发准备了人才和教材。这批县中有不少已在实施方面取得了成果和经验。1990年，属于18片贫困山区之一的福建省龙岩地区领导，在听了介绍、懂得其重要性之后，自动请专家指导，在1991年一年之内完成了地区和所属各县、市的综合发展规划，统一了干部的思想，今年就能进入实施阶段。龙岩地区的实践给予我们极大的启示。目前的问题已不是难不难和能不能的问题，而是有关领导部门认识不认识和下不下决心的问题。而且为了改变贫困山区面貌，已到了非下决心不可的时候。

贫困山区的问题，在我国是一个长期存在和没有解决的问题。它的长期存在当然有许多客观因素，但主要的是领导方面的主观因素。历代的统治者没有也无法解决这个问题，现在轮到我们了，我们能解决吗？我以为可以也应该解决，这绝不只是主观愿望而是多种因素促成的。第一，形势所迫，老不解决，贫困山区的人民就要往发达地区跑，将打乱经济建设计划。第二，为了养活众多人口和安排劳动力，必须在这里开辟新的生产领域和建设新基地。第三，领导机关已抓此事并投入一定资金和人力，现在要进一步解决措施更为有效的问题。第四，贫困山区的人民迫切要求富起来，又有一批成功典型从而增强了他们的信心。这些将汇成一股强大的推动力，也构成了极好的时机，应该抓住时机大力解决。这是我们的责任，也是对我们的考验。

（《自然资源》1993年第6期）

山区建设的新形势新思路

当前，我国山区建设中出现了新形势、新经验，引发人们的思考。

一、扶贫战线的好消息和启示

“七五”以来我国大规模扶贫开发已取得丰硕成果。据国家统计局统计，1978 年全国人均纯收入低于 200 元的贫困人口为 2.5 亿，到 1985 年下降到 1.25 亿，到 1991 年下降到 8500 万人（按 1985 年不变价格计算），与世界银行测算的 8700 人基本一致。

公元 2000 年时，我国能解决贫困人口的问题吗？解决了，就是一个重大胜利，也是显示社会主义优越性的极重要方面。解决这部分人口的贫困，难度很大，他们集中在深山区、高寒山区、石质山区、荒漠区等自然条件恶劣、资源贫乏的地区。完成这一任务，我们建设山区的经验就更加丰实和完善了。应力争实现。

二、80年代我国山区建设的两条成功经验

一是小流域综合开发和治理。80年代初山西省首先搞起来，开始时叫小流域治理，着眼于解决水土流失问题，保障下游的村庄、农田和河道。由于承包期较长，承包户就用以发展经济林木或种草发展畜牧业以增加收入。在科技人员的帮助下，很快发展为小流域综合开发和治理，而且治理首先为了本身的开发。规模愈来愈大，从几百亩到几千亩，从几平方千米到十几、几十平方千米，涉及几个村或几个乡。在一个流域内，从山顶到山沟，统一安排各项生产和治理工程，力争全部土地都安排用场，水土尽量蓄存，做到水土不出流域或清水缓流不为害。一个小流域就是一个综合生产基地，有农民自用部分，也有一项或几项拳头商品。由于这样做符合自然规律并能使农民很快增加收入，农民积极性很高，因而进度快、质量高、效益好。这一开发、治理形式很快在北方各省区传播开来，有的叫生态经济沟，有的叫围山转，有的叫开发带，实际上都是以小流域为范围建设商品生产基地，又美化环境、改善生产条件，因而是一项综合建设工程。不少地方新村建设同时进行。从我们在各地看到的各种模式分析，形式大体相似：山顶是防护林和牧草，山中部是干果，下部是水果，山沟两岸是农田，村落散布其间，沟里有蓄水工程，有的山顶还有蓄水设施，用电力抽水储存，旱时灌溉果园。林草起来以后，就是一个“世外桃源”，但又是一个牢固的商品生产基地。许多昔日的荒山荒沟，如今变成了花果山、花果沟。连成一大片的，又成了一个风景区，新的旅游景点。

南方山区，虽然不叫小流域开发治理，由于自然条件优越，开发规模更大，内容更丰实多彩。各地兴起了成片的果园、桑园、竹园、花卉园、药圃、野生动物饲养场、专业户。二层小楼新居在各处山沟兴起，使山区更显生气。

总之，小流域综合开发、治理，是我们终于找到的建设山区的一种好的形式，反映了山区人民新的觉醒，更反映了大农业思想与生态经济思想的深入人心，人们自觉地与小农业思想、掠夺性经营思想决裂，在生产活

动中把发展生态与建设环境、培植资源结合起来。这样做，既不与别的流域发生矛盾，而且先易后难，一些投资较大的建设工程，可以视自己的力量逐步实施。它实际上是不推而广，甚至可以说是不约而同地在各地兴起，这一现实非常值得重视和深思。

二是生态农业县建设的兴起。建设生态农业县是80年代后期在我国农村兴起的新事物，是加快发展农业和农村经济的有效途径，更适合于治理和建设山区。

70年代末80年代初，我国开始试办生态农业（大农业概念，包括农林牧渔和乡镇企业），从生态户或庭院经济开始，逐步发展到生态村、生态乡镇、生态农场、牧场、渔场和林场，80年代后期，发展到生态农业县，即以县为单位有计划地组织生态农业建设。

建设生态农业县标志着县的党政领导接受了生态意识和生态经济思想，积极领导生态农业建设。它又促使全县的农业和农村各项建设事业发生一系列重大变化。

从农业生产方面讲，生态农业县建设引起的巨大变化是：把县级有关部门的人财物力协调和组织起来，在全县范围内有计划地推广不同试点的经验或外县的成功经验，同时，为了满足群众的致富要求和市场的需要，积极开发荒山荒水，建设各种商品生产基地以及调整生产结构。这又要求有一个强有力的科教支持系统、物资供应系统和产品加工、运销系统，并推动它们相应发展起来。由于管理制度和业务分工等原因，这些大变化中的任何一项，任何部门都无能力单独完成。现在由于县级党政领导出面组织和协调，各部门协作，就比较容易解决了，这正是生态农业县建设的突出特点和威力的所在。随着生态农业县建设的开展，我们多年来希望解决的双层经营、发展集体经济、发展商品生产、农村剩余劳动力转移、增加农业后劲等等任务，也就随之解决；富民、富乡、富县的问题也将随之解决。

从农村建设方面讲，首先是乡镇工业的发展，由于各种商品生产基地的兴起和农产品大大丰富，农产品加工业必然有一个大发展，农村工业化加速进行。其次，由于加工业和商品经济的发展，农村小集镇将随之兴起，它们不仅是加工业中心和商品集散地，而且还会是文化、科教的中心。农村建筑业也将有一个大发展。其三，农村的交通建设也将发展起来。其四，农村的教育事业也将发展起来，这是农民的迫切要求，经济稍有富裕，他们就会积极解决。其五，农村环境将改善，风景区、旅游区不断涌现，将成为城里人向往的地方。因此，生态农业县建设可说是现代化农村建设的基础和先决条件。

要害在于为了把一个县建设为生态农业县，就要制定一个包括经济、社会、生态的综合发展规划，经县人代会通过，具有法律效力，在一定时期内（一般要 20~30 年）各届政府都认真执行，即 7~10 届（以五年一届计算则 4~6 届）政府念一本“经”，使各届政府的工作彼此衔接。这样，生态农业县建设就以解决县级领导的短期行为为主，一下子把长期困扰我们的四大矛盾（掠夺性经营思想和做法，小农业思想和做法，条条各自为政和短期行为）也解决了。首先是把发展生产与建设环境、培植资源结合起来，有计划地对境内各种土地资源与生物资源实行综合开发，逐步建设资源培植型的农业生产体系，实现良性循环。在此基础上建设加工业体系，推动农村工业化以及其他各项建设事业。生态农业县建设是我国农村继包产到户、乡镇工业之后，又一个伟大创造，是发展经济、建设环境，实现农村现代化的有效形式和途径，又使前二者更具有活力。

三、大好时机

当前，山区的许多土特产品受到青睐，销路好，价格更好，有力地推动这些商品的基地建设，出现了开发和建设山区的大好时机。

比如板栗、大枣、银杏、核桃等等，成了营养佳品，价格大增，而且供不应求，前景更好。许多山区都积极发展这些商品，不少地方出现了板栗之乡、大枣基地、银杏产区、核桃生产带，形成新的生产基地。

食用竹笋以及竹制品、竹工艺品等也是大发展形势，生产基地不断增加。

有的县提出“以竹兴县”的口号，发展竹文化的问题也提出来了。我国是一个盛产竹的大国，拥有近5000万亩竹林，品种繁多，发展前景十分可观。

蚕桑事业正在向山区发展，不少山区县大兴蚕桑，已形成拳头产品。

山区生产的一些野菜，过去无人问津，现在成了高级出口蔬菜。生产和经营各种野菜，将成为一项新兴产业。

一些营养价值高的中药材，国内外市场销量都呈发展趋势。这项生产的巨大潜力也在山区。

茶叶是一个古老产业，现在向高山茶发展，向高档发展，优势在高海拔地区。

野生动物饲养，逐渐成为一项兴旺的事业，市场也不断扩大。养甲鱼、养蛇、养蝎、养野鸡、养狐等等迅速发展。

山区水果的发展形势，更是人所共知。

为什么会这样呢？山区有许多独特产品而且质量好是主要原因，无污染又是一个重要原因。由于城郊和平原地区污染日趋严重，人们就向山区采购更多食品。只要山区保持这一优势，它的各种食品就具有很大的竞争力。季节差也是一个因素，山区可以解决城市淡季蔬菜供应问题。

应该看到，我国山区地域辽阔，自然条件多种多样，可以生产平原地区不能产生的众多食品，这是山区真正优势所在，而且是无法替代的。比如在我国南方有近10亿亩草山，可以大量供应无污染的牛羊肉和牛奶，便是一个潜在的大优势。

上述大好形势正方兴未艾，将较长期地保持下去。目前正是发展山区生产与建设山区的大好时机，应牢牢把握，使之成为既是强大的商品生产基地，又是景色秀丽环境幽美的旅游和度假胜地，并在21世纪大放异彩。

四、新的建设思路

在上述大好形势下，怎样运用80年代创造出来的两条成功经验，加速发展山区生产和建设山区呢？我认为应采用以下几条方法：

第一，希望山区每个县都运用各地建设生态农业县的经验，组织力量制定一个科学的综合发展规划（已有了的，就认真执行），经县人代会通过后，严格按之组织生产和建设，切实解决上述四大矛盾，使全县的生态和建设事业协调进行，进入良性循环的轨道。这是不增加新投入却可产生巨大效益的做法，也是扭转环境恶化和资源衰败的关键环节，是山区建设成败和快慢的核心所在。这个问题已到了非解决不可的地步，再不能耽误了。这样做，县级领导的工作量增加了，任务加重了，但可以做到也应当做到。为此，上级领导部门要加大县级的调控权力。这也是不花钱就可以办到的事，而且是领导机关应办到的事。

第二，大力推广已有成果和经验，解决面的提高问题。现在每个县都有一些好典型、好经验，而且数量不少，但点面之间差距较大，面上群众颇有怨言。为了解决这个问题，今后应把重点放在推广工作上，缩小点面间的差距。工作量是大的，除解决乡和村两级的干部问题外，还要提高农民的技术、文化水平，技术人员的工作量将大大增加，资金和物资供应方面要解决的问题也很多。这正是过去好经验和成果不易推开的限制因子。但是，必须解决这些困难，才能提高全县的生产水平，使全县人民富裕起来，从着重抓点到着重抓面，是一大转变，首先是思想认识的转变。过去认为搞点是创造、推广是学步，因而重前轻后者，这也是推不开的重要原因之一。其实，推广是一门大学问，推广中有新的创造，而且是全面解决问题的关键，点仅是一个引子，引导人们思考和实践。不解决这个认识问题，就不易完成推广的任务。今后仍然要抓点以取得新成果新经验，但必须实现着重点的转移。上级奖励和表扬的重点也要相应改变。

第三，利用自己的资源优势，不拘一格，形成拳头产品进入市场。这方面的成功实例很多，给予人们的启示极大，可谓繁花似锦。比如，在使人望而生畏的高寒山区，出现了种黄莲富裕起来的乡，云南的巧家县发展了12万亩人工草场，已使近万人越过温饱线。山西的偏关县处于长城沿线的风沙带上，由于广植柠条和其他牧草，治服了5万亩的流动沙丘，并已成为省的养羊基地。自然条件较好的山区，动人的典型更多；有以毛竹起家的，有以蚕桑起家的，有以大枣、板栗、银杏、山楂等起家的，有以养兔、养野生动物起家的，以水果起家的更多，举不胜举。它们富裕起来后，又进一步建设环境、培植资源，开辟新的生产领域以及农产品加工，耕地建设也进一步加强。他们之中不少是在粮食不足的情况下发展起来的，通过市场解决了粮食。还有一些典型耕地太少质量也差，将长期通过市场解决缺粮问题，这并不妨碍经济的发展。如果坚持“粮食未过关，其他顾不上”的论点，他们将永远穷下去。这些粮食不足又发展起来的典型，给予我们新的启示。我国山区条件千差万别，发展模式应多种多样，要害在于把各自的土地、林草和野生动物资源协调地利用起来，发展市场需要的商品，形成自己的优势，使当地人民富起来，又为下一代创造富裕的条件，决不能死守一个模式、一种方法。

第四，依靠科技力量，大力引进新品种、新技术，实行高起点，使商品具有很强竞争力。办任何一项企业都坚持科学程序、严格的责任制、严格的检查和执行纪律，做到办一个成一个，错了也能及时纠正。市场经济竞争激烈，谁落后谁就逐出市场，毫不留情。必须改变老观念老办法，适应新形势。不这样，在大好形势下，也可能成为失败者。

以上四条可谓平淡无奇，但都是在现有条件下可以普遍实行的，比等靠要的做法要现实得多。凡是这样做了的县，很快扭转了不利形势，由被动转入主动，并形成崭新的局面。山西省壶关县就是一个生动实例。它位于太行山南端的干石山区，严重缺水，粮食长期不足，是一个有名的贫困县。仅凭一点造林经费，紧紧依靠科技人员，从1983年起奋斗十年，不仅高质量地绿化了干石山区，实现了生产的良性循环，稳定地解决了温饱，缺粮情况也基本解决。从1991年起又大力实施生态经济县建设规划，协调工农业生产，把发展生产与保护环境、培植资源密切结合起来，堵绝新的破坏活动。今年8月初我们去考察，看到的是满眼青山，是全县呈现着热气腾腾的生产建设繁忙景象。

如果山区各县都这样做，仅凭现有条件，就可以加快开发和建设速度，实现良性循环，开创山区建设的新局面。这不仅有利于利用上述大好形势，对于引进国家级的建设项目和外资开发项目也极为有利，这叫做天助自助者。有了梧桐树林，凤凰会成群而来。我国的山区一定会建成一个广袤的梧桐林区，成为凤凰的栖息地。

山区各县这样做的条件是具备的，关键在于主观努力程度。一批自觉地进行生态农业县，已做出了榜样，指出了方向，应向他们看齐。

（《山江湖之声》1993年第48期）

运用新思想开发建设贫困山区

我国18片贫困地区都在山区，解决了贫困山区的问题也就全部解决了贫困地区的问题。我国又是一个多山的国家，建设和开发贫困山区是我国的一项重大战略任务。

一、月牙湖吊庄在强沙尘暴中的遭遇引发的思考

1993年5月4日到6日，一场强沙尘暴席卷我国新疆、甘肃、内蒙古和宁夏四省区，涉及面积达110万平方千米。宁夏回族自治区陶乐县月牙湖吊庄在这次强沙尘暴中的遭遇，引起人们深深的思考。这个吊庄是1986年新建的移民点，三面环沙，一面临黄河，水、地、光、热资源丰富。在这次强沙尘暴之前，已投进1764万元，从贫困山区迁来1700多户，开发荒地2万多亩。它本可以建成塞外江南，但因治沙工程不力，加之群众烧柴全靠摘采沙丘上仅有的沙蒿、白茨等物，又大量挖甘草出卖，致使周围近10万亩固定沙丘重新成为流动沙漠。此次狂风一来，它的1800亩农田全部成为流沙地，9000多亩小麦被沙压沙埋，渠道被填平，1140多间房屋被毁，当即有18户离开此地。

而同类地区有农田防护林保护的农田和村庄，受灾就轻得多。

吊庄是一项新措施，政府选择有条件的地方投资建立新的居民点和生产地，把贫困山区中人口较多、自然条件恶劣村庄的部分居民迁来定居，既减轻山区压力又扩大生产基地，于国于民均有利，这个想法和做法是好的。但是月牙湖吊庄的实践告诉我们，如果没有新的建设思想，不注意保护生态环境，短期内看来效益不错，一定时期后，人口与资源的矛盾又将出现，最后还将另迁他处。月牙湖吊庄生态环境十分脆弱，短期内矛盾就暴露出来，其他条件较好的地方维持时间可能长一些，最后结果则会是一样的。

月牙湖的遭遇，值得我们认真地思考：为什么不安排群众的烧柴问题？为什么不保护固定沙丘？为什么不同时营造农田防护林？还有，部分贫困山区失去生存条件的原因，是自然条件天生恶劣还是人为破坏的结果？如是后者，破坏的原因又是什么？……只有弄清这些问题，才能走上新的建设道路，即把发展生产与建设环境结合起来，使吊庄按新思想建设，同时使迁出人口的山村按新思想改弦更长。我以为这是月牙湖吊庄的遭遇给予我们的最大启示。

二、把发展生产与建设环境结合起来

从特困山区有计划地迁出部分居民，安置到附近有条件的地方，发展生产建设家园，作为一种辅助办法是可以的，效果也是不错的。但就整个贫困山区来说，建设和开发山区，使居民就地尽快脱贫和逐步富裕起来，是根本的主要的办法，是彻底解决问题的措施。比如广西壮族自治区现有500万贫困人口，绝大部分生活在岩溶山区，其中20万人生活条件特别困难，自治区人民政府计划用5~8年时间异地安置这部分人口，即是说占96%的480万人口还要就地解决问题，这当然是工作重点所在。

建设和开发贫困山区是相当困难的，不利因素很多，工作难度很大，必须运用新思路、新办法。首先要解决经济建设的指导思想问题，单纯向自然索取的经营思想行不通了，因为原有的自然资源被索取得差不多了，生态环境已很脆弱，必须大力改善环境和培植资源，把发展生产和建设环境结合起来。其次要有一个科学的综合发展规划，保证经济、社会、生态协调发展，把各部门的人财物力组织起来，实行协同攻关、综合开发、系列开发，克服长期存在的各干各的、分散活动的毛病。其三要几届政府按规划做艰苦扎实的工作，埋头苦干若干年，克服短期行为和“一个将军一个令”的做法。值得高兴的是，已有不少地方这样做而且取得了很好的成绩，山西省偏关县就是一个很好的实例。它处于风沙干旱的古长城线上，自然环境十分恶劣，年雨量仅400毫米左右，是个著名的老区县和贫困县。由于几届政府连续苦干，把境内100多片约5万多亩的流动沙丘改造成柠条生产基地，又把荒沟陡坡统统种上柠条和牧草，还造了几大片油松林，从而成为一个绿色地区，风沙危害减少，水土流失减轻，并成为山西省的养羊基地，今后只要坚持农、林、牧协调发展，就能在良性循环的条件下发展各项生产事业，温饱不成问题，富裕也完全可能。又如湖南省娄底地区某山村，把一个石灰岩山坡改造成葡萄生产基地，又带动周围十几个村也这样做，从而形成一个大的葡萄生产带和批发市场，不毛荒山成了花果山，穷山村成了富山村。特别令人高兴的是，这批山村利用土地的方式愈来愈多样，生产内容愈来愈丰富，凡是能长树长草的地方，都想办法利用起来，发展多年生植物，生产多种商品，同时又改善环境。真是天涯处处有芳草，一方水土养一方人。这样的例子到处都有，举不胜举。它们说明，到处都有生产潜力，只要尊重自然规律，只要下苦工夫坚持下去，就能发展生产并实现良性循环。贫困山区的生产潜力是巨大的。不应该只看到困难的一面。

三、运用生态经济思想建设和开发贫困山区

上面讲的建设和开发贫困山区的新思想，就是生态经济思想。它的特点是把生态学与经济学结合起来，并认为生态学是新的扩大的经济学的基础。它明确指出“经济和生态是一个不可分割的总体，在生态遭到破坏的世界里，

是不可能有福利和财富的。旨在普遍改善福利条件的战略，只有围绕着人类固有的财产（地球）才能实现；而筹集财富的战略，也不应该与保护这一财产的战略截然分开。……一面创造财富，一面又大肆破坏自然财产的事业，只能创造出消极的价值或‘被破坏’的价值。如果没有事先或同时发生的人的发展，就没有经济的发展”（奥尔利欧·佩奇：《世界的未来》）。

1983年中共中央提出的三大前提论（即把合理利用自然资源，保持良好的生态环境，与严格控制人口增长并列，作为我国发展农业和进行农村建设的三大前提条件）以及十三大政治报告提出的三个效益很好结合论（后来又发展为并重论），与生态经济思想是完全一致的。区别在于一为理论上的阐述，一为政策上的规定或战略上的决策，只有理论上认识透了，执行起来才能更加坚决和彻底。

生态经济思想对于我国的经济建设特别重要。这是因为我国人口密度高于世界平均数两倍多，人均占有资源远远低于世界平均水平，不仅要建立资源节约型的国民经济体系，而且要建立资源培植型的农业生产体系，充分利用土地资源和生物资源，把发展生产与建设环境认真结合起来，并彻底与只顾眼前的短期行为决裂，才能解决我国的生存与发展问题。

就贫困山区来说，人口与资源的矛盾、生态环境脆弱、生产生活条件差等问题尤为突出，对于生态经济思想的需要也更加紧迫。

可以说，除此没有其他办法可用，没有其他道路可走。

现在，由于80年代我国山区小流域综合开发和治理的成功经验的影响，由于近年来山区许多土特产品受到青睐和价格看好，由于山区人民迫切要求富起来，一个建设和开发山区的高潮已在我国各地山区悄然兴起。这正是建设和开发贫困山区的大好时机，要力争在这个高潮中解决我国贫困山区的问题。我国贫困山区困难仍然很多，潜在优势却是很大的，是大有可为的。

（《地区开发》1994年第2期）

做好山区这篇大文章

一、一篇报道引发的思考

《经济参考报》（1995 年 6 月 29 日）刊登了题为“黄河之水天上来，缘何奔流难到海”的报道，指出今年黄河断流时间提前、持续时间长、断流河段向上延伸，最后影响到郑州、济南两大省会城市供水普遍紧张，山东甚至不得不向河口地区紧急调水。情况确实是严峻的，因而作者发出了“难到海”的浩叹。这篇报道还引述了专家建议，要求对黄河水实行严格的统一管理和调度，以解决水资源紧缺和争水的矛盾。它使我久久地陷入沉思。

首先，黄河上中游用水量将不断增加，下游能用的水将不断减少，矛盾将进一步激化。这是因为上中游诸省区的城市和工业在发展，人口在增加，老灌区在扩大，还要新建涉及三省区的盆（池）环（县）定（边）大灌区。为了大西北的开发，这些是非常需要的也是应该的。下游“难到海”的形势将进一步加剧。

其次，报道提到黄河径流分三个季节的情况：干流及较大支流的径流量，7~10 月占 60% 左右，11~2 月（来年）占 20%~30%，3~6 月（灌溉季节）占10%~20%。所说的“难到海”，就是灌溉季节，也是水量最少的季节。所谓统一管理和调度，是指三个季节全部水量呢还是仅指灌溉季节？如是后者，由于水量太少，粥少僧多，实在难以解决！即使严格执行，只是分担困难，对增产全局影响不大。对11~2月（来年）农闲季节的水，实行严格管理和调度，不让白白入海，由于数量较大，倒是一个有效的办法。我在山东德州地区的陵县看到，该县引来冬季黄河水搞了个万亩小湖发展水产，既可补给地下水，雨季又可蓄当地径流，实一举数得。这为管理和调度这个季度的黄河水，提出了一个新思路和新办法。

其三，黄河径流的大头是7~10月的洪水，由于挟带大量泥沙，谁也不敢用，白白送走。对于缺水的黄淮海平原来说，实在太可惜了。如何把这部分水用起来，这涉及黄土高原的治理和建设问题。如能把雨季的大部分雨水蓄在高原上，不仅当地的生产能发展起来，下游防汛任务也能大大减轻，其他两个季节的水量也能适当增加，全局就活了。这是人们长期思考又迟迟未动作起来的大事情。这件事能办成吗？

二、山西吉县提供了成功经验

吉县是黄土高原上的一个国家级的贫困县，位于黄河东岸，经过九届政府近二十年的连续努力，把一个荒山秃岭、地瘠民贫的穷山区变成了一片绿色世界，一个很大的绿色食品基地即将建成，富裕在望。全县森林覆盖率已达39%。近年来大力发展经济林，人均1亩苹果的任务已完成，人均1亩仁用杏的任务已完成30%，目前以年增2万亩的速度发展着。大枣、柿子、核桃、花椒等也大量种植。在拍卖四荒使用权活动中，共卖出16.3万亩，卖给了5700多户，这些户均以经济林为核心进行开发，这又进一步推动经济林的发展。公元2000年时，现有经济林均进入盛果期，产品将大增，人民收入也将大增，超过小康水平已胜券在握。县财政也形势喜人，仅特产税一项，即可超过现有财政收入7~8倍。现在人均2.8亩农田，1994年人均产粮650多千克，是省级粮食基地县。更令人高兴的是，全县的水土流失量已由每平方千米11300吨减少到5600吨，即减少49.6%，年降雨量比周围县高出15.1~41.5毫米。下一步的目标是治理和开发众多的沟壑，这又是一大财源，可以增加高产的川台地或发展速生用材林基地。完成这一任务后，水土流失问题就基本解决了，大部分沟壑可以水上不出沟，小部分清水缓流不为害。该县没有地下资源，但农林产品加工业将成为一大产业，那时，本县劳力不足，势将招用外县劳力，这又将是黄土高原的新鲜事。

我用三整天参观各类典型，晚间又听了县领导的情况介绍和下一步打算，心潮澎湃并产生了一些遐想。

这是一个县在1771平方千米范围内的建设经验，又是在未吃偏饭的情况下，仅凭九届政府连续带领群众艰苦奋斗干出来的，虽然人口仅9.7万。它充分说明黄土高原的荒山秃岭是可以改造的，是可以富起来的！只要运用生态经济思想和大林业思想，绿色世界和绿色食品基地可以同时建成，绿化、富化、美化可以同时实现，并且不像想像的那样困难。县里同志讲，他们走过一些弯路，如果事先有一个科学的规划，建设时间可以缩短一些，10~15年即可；投入要有一些，但主要是把各部门现有的人财物力组织起来，分工协作完成各项任务并坚持干下去；根本的一条是调动了群众的积极性，其威力是无法计算的。群众的说法是："过去，你叫我干，我给你干，死活不干；现在，我给我干，我雇人干，拼命地干。"这些，每个县都是有条件做到的，是干不干的问题，也是上级领导要不要他们干的问题。

吉县的经验还说明，把黄土高原汛期的洪水大部分蓄在千山万壑之中，是可以做到的又是非常有利的，可以发展当地的生产事业，改变贫困落后面貌，这是黄土高原脱贫致富的关键措施，根本出路所在，因而是这里人民自己的事情。对下游也有利，既减轻了防汛任务，又增加了平时用水量，因而也是下游人民的事情，给上游以支持和帮助是应该的。上下游结合，可以加快速度，都可以早得益。这又给水利建设提出了新问题新思路：是只在下游防洪、抢险、救灾，还是积极在上游分散蓄洪，削洪峰于未集聚之前？

是干旱已形成时组织抗旱，还是汛期在上面蓄水，旱季有水可用而不用抗，人们应该跳出老框框考虑新经验了。这是治水与治山关系的老争论，吉县用实际成就对此提出了明确结论。黄土高原还有一些县特别是众多的小流域综合开发和治理的经验，也提出了同样的论断。这是非常可贵的，应该引起认真的思考并形成新的建设思路，推动有关建设事业。

三、山区在解决我国众多人口的吃穿问题上能为国家分忧

吉县目前大力发展苹果和仁用杏，这是价值规律在起作用，在实行市场经济体制的条件下，这样做是完全合理的也是当地资源条件允许的。但该县发展木本粮食和油料的潜力很大，发展草食动物潜力也大，事实上也在发展。如果国家有发展木本粮油的整体规划，该县就可以大力发展。这又给我们以新的启示，山区可以在解决吃穿任务方面为国家分忧。我国人口在继续增加，在认真实施计划生育的前提下，公元2030年仍将达16亿，而耕地却继续减少。如何解决众多人口的吃穿问题，已成为近来人们讨论的焦点。有两种主张，一种是继续在耕地里解决，办法是提高单产，他们算了账，认为可以做到。另一种是利用山区和牧区优势，与农区一道协同解决，也一同富裕起来。我就持这种主张，具体设想是：

在经营好耕地的同时，在牧区和山区发展人工牧草、木本粮油和桑园，共同解决粮棉和肉类增产任务。

具体说，利用我国山多和草原大的优势，也利用林草资源丰富的优势，到2030年时，发展并经营好6亿~7亿亩人工草地，4亿~5亿亩木本粮食林，2亿~3亿亩木本油料林，和比现在增加几倍面积的桑园。增产肉奶、粮食、油料和丝绸，既可在数量上满足需要，又改善国人的食物和衣着结钩。

这样做的好处是：(1)减轻农区压力，便于粮棉产区农业结构的调整；(2)开发和建设山区和牧区，增加居民收入，又提高中西部地区的经济水平；(3)可以创汇，山区的产品不少是出口紧俏商品；(4)特别重要的是，这又是

一项伟大的环境建设，因为增加的都是林地和草地，可以大大减轻水土流失和荒漠化。

这样做的条件是：(1) 有充足的土地和林草资源。在我国100多亿亩农业用地中，近80%是林地和草地，只能造林和种草。我国林草资源特别丰富，可谓天作之合。(2) 山区和牧区人民愿意这样做，能充分调动他们的积极性。(3) 山区和牧区的产品是清洁食品，许多又是营养丰富的，备受青睐。(4) 各地已创造了许多成功经验和典型，特别是一个山区建设高潮已在一些地方兴起。

我深深感到，放着山区和牧区巨大潜力不利用，仍然只在耕地里解决众多人口的吃穿问题，即使能勉强完成任务（中国科学院的专家已提出仅靠耕地难以支撑的问题），后遗症太大，实在不是一个好的农业发展思路。这种“吊死在一棵树上”的思想方法已使我们吃过大亏，再不能继续下去了。

四、认真建设山区

山区和牧区在解决吃穿问题上积极为国分忧，实际上又是在建设山区和牧区。本文专谈山区建设。

建设山区是一门大学问，一篇大文章。它是一个巨大的农业系统工程，需要把各有关方面的工作组织起来，协同攻关，还要长期坚持干下去。其中农林牧水部门又是重点，尤其要组织和协调起来。

仔细分析一下，农林牧水部门中，林业又是重点和大头。比如，木本粮油林建设，虽是解决吃的，却是林业工作，都有一个繁重的造林和营林问题，桑园建设也是如此。又比如，把水蓄在山区，虽是水利工作，但除水利工程外，更大量的是绿化工程。山区畜牧业首先有一个林草布局问题，还有一个与经济林结合问题，必须与林业密切结合。至于从400多种木本粮食植物和近百种食用油料植物中选择优良树种和品种的工作，培育繁殖工作，培养、训练大量木本粮油植物专家和技术人员，当然更是林业部门的事。木本粮油林基地的选定和规划，林业部门也责无旁贷。为这些产品的加工、运销等工作，交通和小集镇布局和建设，虽然是其他有关部门的事，林业部门也需要参与，使之适应生产基地的需要。一句话，建设山区林业要挑重担。这与林业的主战场在山区是一致的。

为此，林业建设要有新的思路和发展战略。如果说，建设山区、牧区、农区协调发展的农业生产体系，是我国农业发展战略的新发展，是大农业思想的具体化，那么，建设山区则应是林业发展战略的新发展和大林业思想的具体化，着眼于把全部山地资源和林木（乔灌草）资源结合起来，建设防护林、用材林、木本粮食林、木本油粮林、桑园、药圃、其他经济林以及畜牧基地，既实现绿化，又实现绿色食品基地化，使绿化、富化、美化同时实现。水保和蓄水任务就顺带完成了。加工、运销、交通、小集镇建设等任务，也就容易完成了。实现这个大林业发展战略，由于任务艰巨，涉及部门多，工作量大、投入大、难度也大，这是不用多说的，因此要有一个新的思路和发展规划，以取得上级领导机关的支持和各方面的协作。

这么大的山区如何着手呢？吉县的经验以及许多生态农业县建设的经

验说明，县一级是关键。一千多个山区县动作起来，就能形成建设山区的巨大推动力。为了各县能有效地进行，每个县应有一个综合发展规划，坚持按规划实施，坚决克服建设的盲目性和短期行为。

从一个县来讲，小流域综合开发和治理又是一条成功经验。按小流域进行治理和开发，建设各种生产基地，是山区建设的起点和归宿。全部小流域建设好了，各种生产基地就建起来，山区建设就完成了。当然，各项其他工作要密切配合，互相协作和支持。这方面的成功经验和典型是很多的。

最后，我还想强调一下建设山区的紧迫性问题，这从大江大河河口的淤积情况就能说明。比如，长江口的崇明岛与新中国成立初相比，面积已增加一倍，一年增加 14~15 平方千米，江苏北部的海岸也在淤积；黄河口平均每年淤地 23 平方千米；辽宁的渤海湾每年淤地约 13~14 平方千米；……流到河口淤积的，仅是水土流失的小部分，大部分则淤积在湖库内和河床中。河口的情况既说明山区水土流失的严重，也说明江河湖库的严重恶化，它们孕育着巨大的隐患，一旦爆发将给人民带来大灾难。这种流失和淤积情况再不能继续下去了。根本解决办法就是建设山区。多山的国家在经济建设中长期目中无山，是不可思议的，也是最大的失误。我们再不能目中无山了。

一定要做好山区建设这篇大文章，这是关系到民族生存的大问题。

（《国土绿化》1995年第6期）

为兴中华再进山

——关于出山潮与进山潮的新思考

当前，我国的出山潮与进山潮同时存在，引起人们的注意。出山潮的表现形式是民工潮和迁到平原落户。民工潮人数较多，他们到外面打工挣钱，春出冬归。几年之后，有了技术和资金，就回家自己干起来。这类人起到把文化、技术、一定资金带进山的作用，出山为了回来建设家乡，因而有其积极意义。迁出则是全家离开山区到外地安家谋生，因为所在地的生存条件遭到破坏，据说在原来的8000万贫困人口中，约有500多万人，需要搬出来异地安置，这是一个不小的数字。进山潮形式多样：一种是拍卖四荒政策实施后，部分城镇居民和农村居民，个人或数人联合购买荒山荒坡的使用权，进山发展经济林，准备在山区发家致富，他们引进技术、人才，也招来劳力。一种是城镇或平原农村居民主山，与山区的个人或集体联合搞山区开发合作形式多种多样，由他们自己商定。一种是个人与山区的乡村政权协商，租用部分荒山荒沟，独立经营。外地人甚至华侨都有这样做的。一种是在一县之内，由政府组织农区和城镇劳力，有计划进山开发荒山荒坡，建立各种经济林基地，形式也是多种多样；这种形式规模很大，劳力、技术、资金同时进山。上述进山活动，与山区人民自己搞的小流域综合开发和治理活动相互促进，共同形成当前山区建设的新潮。它们给人以有益的启示，并引发人们深深的思考。

出山潮是山区贫穷的反映，在山区还比较穷又无新的生产项目和措施的情况下，这股潮是不易消退的，做好工作可以使部分打工的人早一点回家创业，形成新的生长点。进山潮是值得研究的新事物，反映了山区土地多、资源富、潜力大的本质和人民对它的新理解新看法。一些有资金、技术的人，看准了这一发财的机会，买到荒山荒坡使用权后，立即组织力量进行开发，建设经济林或畜牧生产基地。一些动手早的已富了起来，他经营的那片地方也变成了生产基地同时又是新风景区。他们个人的事业成功了，那片山也重新焕发青春并提供商品和财富。他们的成功又进一步推动山区人民积极行动起来，加快小流域综合开发和治理活动，相得益彰。更值得注意的是，一些县有计划地积极组织力量进山建设山区。有的县用不到十年的时间即在山区新创了一个生产基地，规模比原有的还大。本县多余劳力全部用上，还吸引部分外来劳力。山区面貌变化了，而且比平原地区富，人们的观念也变了，愿意进山创业。新基地进入盛产期后，加上加工业和运输业的发展，还需要更多劳力。这样做的县逐渐多起来，它们的推动力更大，比如，一些省已明确提出要在山区再创一个 ×× 省。我国山区究竟有多大潜力？一位林业专家指出：我国 40 多亿亩林地中，有 20 多亿亩未利用或利用不合理，全部利用起来，按 1 个劳力经营 20 亩计，即可容纳 1 亿多劳力，产前、产中、产后服务的劳力还不在内。我国南方山区还有近 10 亿亩草山草坡，牧草专家说，它们与新西兰草山的自然条件差不多。北方的许多草地也在山区。可见我国山区是一巨大的劳力投放基地，一个巨大的多种商品生产基地和不竭的财源。

一位长期在山区工作的农业专家从另一角度谈到山区潜力问题。他以为目前山区各县农业经营水平大致可分为三个层次也可称为阶段：一是荒山并继续垦山与经营农田并存，用垦山的办法补农田之不足，这是贫困的模式并陷入恶性循环之中；二是青山（但幼树与疏林较多）与经营农田并存，经济林较少，这是转型期的模式，但进入了良性循环，经济林会很快发展起来；三是青山（真正是森林了）、经济林、农田共存，农田保口粮和征购任务，发财靠经济林，青山保环境幽美和持续发展。经济林因地制宜、丰富多彩。这是小康型和富裕型模式，是山区前进的方向。现实情况是，第一种是大量的，第二种逐渐多起来，第三种是少数但已显示出威力。如杭州市的临安县，人均 2 亩经济林，按农村人口计划为 2.5 亩，劳力不足了，已吸纳外地劳力 8 万人，该县农村一万多台织绸机有一半以上是打工妹操作的。全县是一片森林世界。1995 年，它的人均总产值和农民人均收入，均居全市第一，比几个平原县还富。十分清楚，山区各县都成为第三类县，山区就富了。所谓开发、建设山区，实际上就是努力做好转化工作并创建各种生产基地，使第一第二层次的县尽快向第三层次的县转化，样子和路子均有了，要的就是实干，下苦功夫把大量的荒山秃岭改造成生产基地和新风景区。为了做好这项工作，当前就有一个再进山的问题。当年进山，依托山区夺取了政权，是利用统治阶级的统治力薄弱环节，利用山区的困难条件和山区人民的革命积极性。这次进山，同样利用山区人民迫切要求富起来的积极性，消灭我们工作的薄弱环节，克服山区贫困落后的条件，把山区的真正优势发挥出来，缩小东西部、城乡、山区与平原的差距，使我们的社会能协调发展，共同富裕。这是一项伟大的山区建设工程，也是我国长治久安的关键工程。这次进山主要是领导力量、科技和资金进山与山区的劳力结合，一个流域一个流域地改造和建设山区。外地劳力进山则是山区开发的结果，逐步在开发过程中实现。

这样做的好处是不用多说的，目前困扰我们的一些难题，如人口日多和耕地日减引起的食品供应问题、多余劳力安排问题、山区和少数民族地区的贫困问题、东西部差距问题以及水资源紧缺问题等等，都可因开发和建设山区活动的开展而逐步解决，令人有全局皆活之感。

今年初，一位从尼泊尔回国的同志对我讲，国际上有 4000 多个组织在那里研究山区问题，他们的论点是，世界的贫困问题在亚洲，亚洲的贫困问题在山区。这个结论与我们的看法是一致的，但他们的紧张研究活动则加重了我们的紧迫感，也深深感到我们研究工作的薄弱。

总之，从上述各方面分析，我们都面临一个再进山的问题，无法也不应回避，而是必须快做和做好。为此，就必须克服只在耕地中打圈圈的小农业思想，肃清目中无山的短视顽症，树立大农业思想，认真建设山区、牧区、农区协调发展的农业生产体系。没有这种新思想就无法实现再进山。但是，没有进山潮就无法解决出山潮。而不解决出山潮，又无法解决劳力安排上的被动应付。食品供应、水资源等问题更是如此。问题就是这样环环相扣，进山则是关键一环。

（《方法》1996年第5期）

为振兴中华，要重识山、再进山

一、诸多大难题，根源在于长年不知山、不识山、不靠山

在迎接21世纪之际，在我们面前有几个带战略性、全局性的重大难题：人口日增而耕地却渐少，如何保障众多人口吃穿问题？随着人口日增，劳动力也不断增多，如何为众多劳动力特别是农村劳动力安排生产门路问题？如何解决一批贫困县、贫困人口的脱贫和向小康过渡问题？如何解决我国日趋严重的水资源危机和水旱灾害问题？如何解决仍在加剧的北方沙漠化和石灰岩地区石漠化问题？等等。此外，还有工业化引起的一系列负面效应问题。这些问题已经引起人们的重视，开始探索解决办法。

要真正解决上述重大问题，首先应弄清楚它们的成因，弄清楚它们之间的相互关系、因果关系，我认为只有找到产生这些问题的总根源，才能求得彻底解决。

认真分析一下，除了工业化引起的属于另一种性质的问题外，上述种种难题都是相互联系着的，而且根子都在山区，在于山区遭到破坏，在于山区的生产潜力不能开发出来。我国是个多山国家，山区面积占国土的

70%。山区与平原大不一样，有它的特殊条件和特殊规律。各地山区的自然条件和资源差别也很大，总的说来，我国山区生产潜力是巨大的，但是生产五谷杂粮的条件却是比较差的。有些地方的粮食客观上就是不能自给，历来只靠用山货到农区换取，高寒山区尤其如此。如果不加区别地一律要求山区粮食自给，结果就是毁林开荒。虽然暂时能搞到一些粮食，却带来资源破坏、环境恶化的恶果，副作用十分严重，最后造成长期更加缺粮的局面。多年来我们正是走的这样一条道路。我国山区水土流失情况愈来愈重，即与此直接相关。大批山区县长期不能脱贫，这也是重要原因之一。我国水资源危机愈来愈严重，水旱灾害不断加剧，根本原因就是山区森林遭到严重破坏。沙漠化和石漠化也是由于要求粮食自给，片面扩大耕地，从而破坏草原和森林的直接结果。由于山区生产单一化，又连带造成收入低和生产门路少的恶果，贫困和民工潮遂随之而来。总之，由于山区生产方针以及伴随而来的相关政策不符合山区的特点，强要它做的正是它的所短，山区巨大潜力和优势发挥不出来，并使山区资源环境遭到破坏。上述种种难题就是这种破坏后果的不同表现形式。分头解决上述问题，不仅事倍功半，而且无法彻底解决。必须从总根子上求得解决，即从建设山区来彻底解决上述种种问题。时至今日，应该对上述问题求得一个清醒的、完整的认识了，再不能头痛医头、脚痛医脚了。这是科学的结论，是时代的要求，也是刻不容缓的历史任务。

二、山区蕴藏的巨大潜力，要重新认识

建设山区发展山区就能解决上述种种难题、种种困局吗？回答是完全肯定的。

我国农业用地约100亿亩左右，其中耕地近20亿亩（实际数），水面4亿亩（海域不在内），其余为林地和草原，合占农业用地的3/4以上。我国的林草资源十分丰富，而且与广大的林地和草原多是相依而存，堪称天

作之合。《当代中国的林业》指出：我国有木本植物8000多种，其中乔木2000多种；竹类300多种；食用油为主的油料树100种；木本粮食（即干果）400多种；芳香植物300种以上，木本类的约占100种；药用植物3000多种；还有众多的野果资源。野生动物资源也很多，其中兽类450种，鸟类1180种，两栖类和爬行类516种。《当代中国的畜牧业》指出，我国牧草有5000多种。只要把土地和生物资源有效地结合起来，就可以建立众多的商品生产基地，提供大量食品和用品。关于林地的利用情况，一位林业专家指出："我国林业用地40多亿亩，其中尚有20多亿亩未利用或没有充分利用，如果按每个劳力经营20亩计算，则可吸收1亿个剩余劳力……"（《中国农业现代化之路》）。南方山区还有近10亿亩草山未很好利用。牧草专家说，其自然条件与新西兰的差不多。我国南方山区是世界级的一块宝地，这是内外公认的事实。以上情况可以说明我国山区潜力之大。在山区搞草本粮油生产是违背山区特点、山区规律的，新中国成立后40多年的经验已证明了这一点。但搞木本粮棉油生产则是完全可行的，这方面不仅历史上有这种传统经营习惯，而且各地又创造了新的成功经验，规模比过去大得多。安徽的金寨县就是一个成功的例子。它是一个革命老区，又是一个贫困县，80年代以来，已栽植了1200多万株板栗树和20多万亩桑园，现已成为该县的两大支柱产业，并形成了新的商品生产基地。

根据我国山区的资源优势和新近成功经验，我以为应在经营好现有耕地和草本粮棉油生产的同时，还应作出一个长期安排，在全国有计划地经营开发山区和牧区，以发展木本粮棉油生产和人工草地。具体说，从现在到2030年，在我国山区和牧区逐步建立起4亿~5亿亩木本粮食林，2亿~3亿亩木本食用油料林，6亿~7亿亩人工草场，和比现在多几倍的桑园。就是说，在我国各个山区和牧区有部署地建立一批新的粮棉油肉奶生产基地；并形成农区、山区、牧区协调发展的农业生产体系，使三大类农业区域同时发展。这才是我国大农业发展战略的关键所在，也是我国农业的根本出路所在。这批基地建成后，上述我国面临的种种战略性难题也就迎刃而解了。不仅如此，由于这些基地同时又是林地和草地，实际上又是一个大的环境建设工程，对于我国经济建设的持续发展极为有利。我以为为了民族的生存和发展，为了振兴中华，我们必须这样做，再不能只在农区耕地里打转转了。从我国实际情况讲，放着广大的山区牧区不经营不利用，只经营农区耕地，并使后者承受巨大压力而无法有效经营，实在太不合理。从思想方法来说，也实在太片面、太机械了！

三、农民—山民，再一次突破、再一次创造，领导要清醒、要跟上、要前行

进山，建设山区是一项巨大工程，难度很大，办得到吗？

从一般建设规律看，山区开发难度是大的。但在研究山区建设问题时，人们往往忽视山区人民的迫切要求和积极性，而这个力量是十分巨大的。现实情况是，山区人民为了生存和生活富裕，已积极行动起来并取得了成功经验，出现了一大批成功的范例。一个山区建设高潮已在一些山区悄然兴起。现在的问题是领导如何跟上去以及如何领导这一高潮的问题。回顾70年代中的

中国联产责任制，80年代初的乡镇企业，都是农民的伟大创造，也是对中国现代化的伟大贡献，这两次各级领导先后跟上了，并做到了积极领导，这次面对农民—山民的又一次伟大突破、伟大创造，理应也能及时跟上，领导好这一高潮。

80年代，山区人民创造了小流域综合开发和治理的经验，并迅速在各地山区推行，其特点是在一个小流域内（从几平方千米到十几、几十平方千米），从山顶到沟口把所有土地合理利用起来，并把发展生产、建设环境、培植资源结合起来，做到水土不出沟或清水缓流不为害，一个小流域就是一个生产基地，既有自给部分也有拳头商品供应市场，结果是环境变好了，人也变富了。我们在许多先行的山区，都可看到昔日的荒山秃岭变成了花

果山花果岭，连成一大片后又成为一个新的风景旅游区，它们既是山区新出现的一批新的商品生产基地，在收获季节往往又是农产品临时集散地，有的还成了一个经常性的市场。山区开发需要投入资金物资，但主要仍要靠农民的劳动投入。这是山区人民在开拓开发山区中自己创造出的治山和致富之路，它的成功又极大地鼓舞着山区人民经营山区的信心和决心。同时，一批山区县由于动手早，有一个科学的、稳定的发展规划，几届政府坚持接班干、接力干，取得了以县为单位建设山区的成功经验。这批县对周边县、地起到了很大的鼓舞、带动作用。这类县各省都有几个，这里介绍我最近考察的两个。

一个是湖北的京山县，它是一个典型的山区县，总面积 3520 平方千米，平原仅占 4%，人口 61 万，是个粮棉油猪老基地县，县里同志不满足于原有成就，从 1987 年开始，大规模开发和治理山区，到 1994 年已开发出 100 万亩山地，其中板栗林 15 万亩、银杏林 5 万亩、水果林 6 万亩、杜仲 2 万亩、茶叶 2 万亩、菇耳林 30 万亩和速生用材林 40 万亩。现在已有可观收入，形成板栗和银杏两个新市场，吸引香港客商前来采购，产品供不应求。香菇和木耳已远销国外。到 2000 年，这个新基地的产值将肯定超过原有的农业产值。为了经营这个新基地，他们从本县农业战线已转移来 7 万 ~8 万劳力，还吸纳外地劳力 1.8 万人来落户或打短工。新基地进入盛产期和相应的加工工业投产后，还要吸纳一大批劳力。目前已出现山区比平原富、平原姑娘上嫁到山区的新现象。国家劳动主管部门的同志考察后十分振奋，大加赞扬，说该县为转移农村剩余劳力指出了一条新途径。国家农林部门的同志考察后更是高兴，认为这一开发、创举，一方面使山区面积广阔的无形的绿色水库建成了，加上有形的人工水库，就能有效蓄住山区的洪水，水旱灾害可基本避免；另一方面，京山的经验显示出，山区木本粮食的生产潜力很大（京山计划发展到 20 万亩板栗和 10 万亩银杏，同时推行新的经营方式，预计年产可达 2 亿多斤），使人们大开眼界、大开脑筋。

这里要介绍的另一个是浙江的临安县，总面积 3217 平方千米，山区占

86.1%，人口50万（农业人口42万），是全国的造林绿化先进县和农村综合经营“百强”县之一。现在人均经济林2.08亩，按当地农村户籍人口计为2.5亩，按留村实际人口计为3亩。因为忙不过来，目前外来打工者已达8万人。全县现有一万多台织绸机，有一半是外来打工者操作的。该县的特点是，高山全部封育，森林茂密，低丘和缓坡全部经营经济林。由于因地制宜，全县经营开发项目内容十分丰富，有些已形成优势产业。农田主要解决食物自给和完成征购任务。该县不仅经济发达，而且环境优美，整个县境就是一个森林世界。他们的说法是“山青了，全局就活了”。该县农经委主任认为山田开发关系可分为三个阶段（或层次），一是荒山或垦山与农田并存，二是青山与农田并存，三是青山、经济林、农田并存。现在我国大部分山区尚处于第一阶段，这实际上是贫困的模式；小部分处于第二阶段，这是过渡型或温饱型模式；处于第三阶段的则是很少数，但这部分现正在扩大。后者具有富裕山区特征，也是山区要达到的理想境界。临安属于第三阶段，当然进入这一阶段后还有高低之别，临安属于后者，尚待继续前进。临安县的同志认为从第一到第三阶段，大致要奋斗30年时间，而且要坚持干下去不能间断。我以为这是实实在在的衷恳之言，也是经验之谈。

现在，一些省已明确提出要在本省山区“再造一个省”，要像经营耕地一样经营山林。这是一个新的动向、新的发展，非常值得重视。

正在兴起的山区建设高潮有许多特点，主要是大农业思想和生态经济思想十分突出、十分鲜明，着眼于全部土地的合理利用和综合发展，着眼于生产、环境和资源培植同时抓，还着眼于产品的质量和竞争能力。这是非常可喜可贵的苗头。

当前是建设山区和牧区的千载良机，各级决策、领导部门似应全盘统筹，把握引导，使之与建立农区、山区、牧区协调发展的农业生产体系，与建立新的粮棉油肉奶生产基地的总体安排结合起来，把我国的经济建设推向一个新的水平。

四、着力研究、组织和推动山区建设，乃当务之急

为了指导好正在兴起的山区建设高潮，需要有部署、有准备地组织大批干部和科技人员进山，研究各地山区的现状、各种建设经验和典型，制定各类山区的发展规划，普及山区适用的新技术新成果，使山区各项建设事业更有效地开展起来。

当然推动这项新工作是有相当难度的。一是我国长期没有综合研究山区的相应机构，没有理论储备和资料储备可资利用，二是在政策思想上和实际工作中长期来存在着浓厚的“目中无山”的倾向和观念。但也有有利方面，即广大山区人民在开发和建设中已有了多种实践，这类实践不仅丰富多彩而且仍在不断创新，一切不符合山区情况的各种陈旧观念、“理论”和“学说”都将被突破、被放弃而逐步消失。因此，只要坚持不断实践，坚持规模实践一定会有好结果的。

一位刚从尼泊尔回国的农业专家对我说，那里有几千个国际机构在研究山区问题，他们的基本论点是：世界的贫困问题在亚洲，亚洲的贫困问题在山区。这位专家还慨叹我国山区研究的落后，慨叹相应机构、人员、经费的奇缺。这个反差引起了我的深思：难道“不识庐山真面目，只缘身在此山中”真是一条打不破的规律吗？难道一定要等到别人来教训我们时才去治山吗？难道已有的经验和教训还不能使我们醒悟吗？……

我相信当前正在兴起的山区建设高潮是扎根于群众之中的，是有巨大生命力的，是会冲垮一切阻力而不断发展的。

我们应为这个高潮呐喊、呼唤，并在这个方向上坚持不懈地思考、研究、奋斗。可以有信心地说，中国农村、农业又一场伟大的变革和发展，势将在广大的山区展开。看来中国真正实现全国现代化的最后战场，也将在这些山区。

（《科技导报》1996年第7期）

脱贫与山区建设

目前，关于贫困与反贫困的理论和战略很多，议论更多，说明大家重视这个大问题了。

我感到有一个问题似乎被忽视了，这就是山区建设与脱贫、致富、奔小康的关系。我却认为根据我国贫困县、贫困地区的特点和现有脱贫经验，山区建设是脱贫、致富、奔小康的关键所在，根据有四。

一、贫困县所处的位置

第一，我国现有的592个国家级贫困县中，有496个在山区，占83.8%。不建设好山区，如何能脱贫、致富、奔小康？这是谁都明白的道理。有人按每省有多少贫困县的办法来分析贫困县的分布情况(《报刊文摘》，1994年6月13日)，虽然也是事实，却掩盖了这个矛盾。

第二，如果在我国地图上把592个县标出来，就可以进一步看出有60%左右的贫困县集中分布在两大片。东北、华北、西北的这类县很大一部分分布在农牧交错地带，也是我国荒漠化最严重的地带，而且连成一片，又与黄土高原的四大贫困片相连。其中新疆的贫困县大部分集中在塔里木河两岸。云、贵、川、桂和两湖的部分贫困县（属武陵山区）则连片集中在石灰岩地区，也是石漠化严重地区。这两大片地区的生态环境都十分严峻而且还在继续恶化。其余的贫困县大都也是连片的，如大别山区、秦巴山区、赣南、闽西等等，生态环境也相当严峻。不找出环境恶化的主要原因，不扭转恶化趋势，只就贫困解决贫困，是无法稳定脱贫的，勉强去做，只能是事倍功半，艰难地前进。语云，覆巢之下，焉有完卵。

第三，我国贫困县的很大部分处于生态环境十分严峻的荒漠化地区和石漠化地区，这是我国贫困问题的特点和难点，从而决定了我国的脱贫战略和措施重点，必须把发展生产、建设环境、培植资源等任务结合起来，也就是把建设山区与脱贫工作统一起来。毫无疑问，难度是很大的，但又是无法避开的。令人高兴的是，我国贫困县的人民和干部已创造出解决办法，树立了成功的典型，而且证明这样做并不如人们想像的那样困难，而效果却比想像的更好。这说明这些环境十分恶劣的地方，有它的发展规律和生产潜力，只要按规律办事，也可收到事半功倍之效。这个情况是值得人们深深思考的。

二、朝阳经验的启示

辽宁省的朝阳市，位于全国十八片贫困地区之一的努鲁儿虎山区，总面积 1.97 万平方千米，人口 335 万，有三个国家级贫困县。《人民日报》（1996 年 10 月 10 日，1996 年 12 月 15 日），于 1996 年两次报道它的脱贫情况和经验，称赞它“在全国 18 个‘国家级’贫困地区中，第一个实现整体脱贫”。1996 年农民人均纯收入为 1900 元，相当于全国的平均水平。

朝阳市长期贫困的原因，最根本的是生态环境恶劣，自然灾害频繁，生产条件差，抗灾能力低。因此，近 10 年来，市领导从改变生产条件、改善生态环境入手，把两建（山区建设、农田基本建设）作为一项战略性措施来抓，以达到以两建促两改（改变生产条件、改善生态环境），以两改促两变（粗放型向集约型转变、传统农业向现代农业转变），以两变促两增（增加粮食产量、增加农民收入）的结果。10年来，他们在两建方面下了工夫，也取得了很大成绩。投入劳动积累工3.2亿个，综合治理面积100多万亩，动用土石方8.32亿立方米，建成水浇地130万亩、水平梯田182万亩，和相应的修建塘坝、打井、修渠等配套工程，除大量造林种草外，还种植果树8000万株，种植山杏、大枣、大扁杏共500万亩。小流域治理很突出，专家们认为是东北、华北同类地区小流域综合治理的最佳模式，即“一林戴帽，二林围顶，果牧拦腰，两田穿靴，一龙座底”金字塔式综合治理模式。其实应该称为综合开发、治理模式，因为其本身就是生产基地。治理为了开发，以开发为主。以上做法的另一个结果是，改善了生态环境，森林覆盖率达32.5%，年均降雨量增加了70多毫米，地下水上升1~3米，空气湿度增加2%，年均风速每秒减慢0.5米，生态系统进入良性循环的轨道。这对今后的农业生产和经济建设将发挥积极作用，为致富、奔小康创造了条件。

在此基础上，他们发展了五大产业，即高产高值种植业，蔬菜保护栽培，经济林开发，水果业和畜牧业。他们的霜期农业和简易标准保温畜牧业不仅有特色，经济效益更好，占农民纯收入的一半左右。贫困户分别投身五大产业，加快了脱贫、致富步伐。目前经济林和水果业还未充分发挥作用，是潜在优势。

朝阳市能在近10年时间取得上述成就，关键在于抓住两建，特别是山区建设，真正把发展生产、建设环境、培植资源等任务结合起来，这是新的经济建设思想即生态经济思想发挥作用的结果。这个新的经济建设思想符合自然规律，符合农民的经验，能调动农民的积极性，因而取得事半功倍的结果。这个经验是非常可贵的，应该大书特书，大力宣传。令人十分不解的是，《人民日报》（1996年10月10日）在第一次报道朝阳经验配发的短评中，却只提农田基本建设，砍掉了山区建设，两建变成一建。山区建设是朝阳经验的精华，它有丰富的内涵，也包括农田基本建设，后者却概括不了前者。这个砍掉不是偶然的，是目中无山的思潮的表现，也是不懂得山区的反映，对于多山的我国来说，这又是不可思议的。它出现在《人民日报》的短评中更令人不安。这也是我要大谈山区建设与脱贫关系的一个原因。

三、水灾的考验

1996年，我国部分地区遭受洪水袭击，水灾区蒙受巨大损失，房屋、农田、水利工程被毁情况十分严重，要用很大力量恢复。但是也有积极的一方，各地的小流域综合开发治理工程经受住了考验，有的未受损失，有的损失很小，当地群众和干部受到一次深刻的教育，对建设山区（小流域综合开发和治理是重要方法和内容）的意义和作用，有了明确的认识，高标准治山的积极性起来了，这个觉醒是非常可贵的，对于今后的山区建设将发挥重大作用。

河北省太行山暴雨区，破坏特别严重，损失巨大。但是，暴雨区内许多开发和治理好的小流域却安然无恙或损失很小，说明暴雨成灾不完全是自然因素，也有人为因素。《人民日报》（1997年1月25日）有篇报道，描述了太行深处前南峪村在暴雨中昂然屹立，仍然丰收的动人情景。报道指出："1996年8月的一场特大洪灾洗劫了河北省邢台县西部山区60%的耕地，有300万株果树被冲走，90%的水利设施遭到破坏。……可是，同处于西部山区的浆水镇前南峪村却安然无恙。"它的突出之处是：三十年如一日，科学治山伏水，把荒山治理与经济开发，农业经济效益与生态环境保护有机结合起来。这个仅有382户，1314人的小山村，目前有用材林3900亩，经济林4400亩，林木覆盖率达90%，被专家称为"太行山最绿的地方"，1995年6月，获得了"环境保护全球五百佳"提名奖。前南峪村和其他在暴雨中安然无恙的小流域，现在成为人们学习的榜样，成为建设山区的榜样。水灾后痛定思痛，河北省太行山区的人民和干部奋起建设山区了。

这种成功典型到处都有，在国家级贫困县中也有。比如湖北省罗田县就有这样一条遭灾不受灾的小流域。《人民日报》（1996年11月14日）用"奇，灾区有条无灾河"的醒目标题报道了它的具体情况。指出：1996年6月18日到7月16日，罗田县遭受三次大暴雨袭击，全县平均降雨715.42毫米，造成大量农田被水打沙压，分路、河堤被山洪冲断。但是，处于暴雨中心的北丰河流域，全长31千米的河堤没有发生一处溃决，两岸1.9万亩农田没有水打沙压，8800亩中稻一派丰收景象。原因是这个乡从1991年起，用6年时间，全面规划，因地制宜地对全流域进行了治理，新建高效经济林基地3万亩，改造马尾松林1.2万亩，在河堤和路旁植树28万株，森林覆盖率由48%上升到68%。整个小流域的年泥沙流失量由30万立方米降到10万立方米。1996年虽遇到罕见的洪灾，河床却比上年降低了5毫米。这里属于长江水系，年雨量较大，但小流域综合开发治理工程同样是非常有效的。罗田是国家级贫困县，这个典型对贫困地区就更有意义。这是一个什么性质的典型呢？水利部门说是治水典型，林业部门说是造林典型，农业部门说是山区农业典型，都对又都不完整。应该说它是山区建设的典型和经济建设的典型，本身受益，做到环境优美、生活富裕、生产稳定发展，又保障了下游地区。它说明建设山区对山区和平原都有利，把雨季的洪水尽量多地蓄在山区并减缓下泄速度，有利于全国的防洪抗旱工作，减少江河湖库与淤积更是多方面受益。因此，建设山区是国家经济建设的重要环节，建设好山区是山区人民对国家的重大贡献，当然本身先受益。这条灾区的无灾河应该引发人们深深的思考。

总之，水灾考验了小流域综合开发和治理工程，也使人们进一步认识到山区建设的重要性和紧迫性。贫困地区如何脱贫、致富，也应该从这里得到启示，开拓一条新的脱贫道路。

四、山区建设高潮的紧迫

目前，一个山区建设高潮已在许多山区兴起，许多山区县已在这方面做出了成绩，树立了榜样，显示出山区的巨大潜力和富饶美丽的特色。这又将进一步推动高潮向纵深发展。

近年来，我参观考察了一些山区县，受到鼓舞和启发，更深深地认识到我国农业和农村经济潜力在山、希望在山的道理。许多山区县生态环境好了，富起来了，发展前景更诱人，不仅当地居民意气风发，我参观后也心旷神怡。它们之中，有老典型如浙江的临安（最近已改为县级市）和山东的五莲县，但不断有新思路新发展；有新典型如湖北的京山县和辽宁的本溪市；还有从贫困县崛起的新兴典型，如山东的山亭区。它们遍布各类山区，而且各有奇招，各领风骚。这里想简述山亭区的变化轨迹，它是1983年新组建的，是集老区、山区、库区为一体的重点扶持的贫困区，被称为“穷哥们大联合”。总面积1017.8平方千米，人口45.8万，山区占88.6%。1984年，全区工农业总产值仅有1.78亿元，财政收入430万元，28万人处于贫困状态。干部和群众人心不稳，不少干部上访要求撤销这个区。1987年领导班子调整，下决心建设这个山区。一是大搞山区建设，到1995年底，已开发治理小流域600多平方千米，共投工1.5亿个，投资2.5亿元，生产条件发生了根本变化，荒山秃岭变成高标准的商品生产基地。二是调整农业内部结构，大力发展经济作物、林果、畜牧和水产，建成三大经济作物、六大养殖业和十大林果基地。三是培植龙头企业，实行贸工农一体化经营，走公司+农户的路子。建成120家农副产品加工企业，形成粮、油、禽、果、蔬菜五大贮藏保鲜深加工系列。此外，水泥、煤炭、花岗石板材、塑料、化工等工业也有一定发展，这与靠近枣庄市并属市领导的优势有关。1995年的国民生产总值、财政收入、农民人均纯收入分别为1984年9倍、11.3倍和11倍。近几年不少省的人前来参观考察，对它的山区建设无不赞叹。有位作家写了《大山，悲壮与辉煌》的报告文学，歌颂它了。一个新划的贫困区、新组建的班子，七八年时间，取得如此成绩，实在值得认真研究和学习。

现在，一些省在全省范围内大抓山区建设了，这是令人振奋的新发展，山区建设进入一个新阶段。湖南省的丘岗开发就是一个实例。《人民日报》（1997年1月13日）用“唤醒丘岗”大字标题介绍了该省大规模开发丘岗的成就和前景。该省近3年的丘岗开发，“共改造和新开发丘岗地1701万亩，其中新开发面积为804万亩，建成高效丘岗面积8900多万亩。开发出来的丘岗地效益大增，气象更新。”为了推动这项事业，省领导部门制定了全省开发规划，明确了全省开发的9大示范片，出台了一系列优惠政策，一批开发招商项目落实到了具体单位，省成立了开发领导小组。省党政主要领导还亲自办样板，有的抓柚子，有的抓枣子，有的抓竹子，均是大规模的，小的10万亩片，多的60万亩片。近两年全省共投入15.8亿元，其中各级财政投入5.1%，信贷投入占20.64%，引进外资折人民币占3.9%，其余为群众集资，农村合作基金投入和集聚社会资金，合占64.36%，按改造和新开发面积计算，亩均近100元。财政投入是重要的，表明政府的决心。大头是群众投入，说明群众的积极性。开发丘岗，群众首先得利，符合其心愿，也符合自然规律，这正是进展迅速的奥秘所在。所有这些都是人的觉醒，认识山区的价值了。省领导的行动，更说明对多年前省委提出的“失误在山”的论断，进行认真补课，把失之于山变为得之于山，堪称新的觉醒。因此，把这些说成是唤醒丘岗，显然不大恰当，而且这些年山区特别是丘岗并未沉睡，它们在不合理的开发下，负担沉重，在呻吟着。这也反映了对山区不了解，把唤醒的对象弄错了，应该为丘岗鸣不平。

这次的山区建设高潮，把自然规律与市场需要结合起来了，一方面把发展生产，建设环境、培植资源结合起来，另一方面又瞄准市场发展山区土特产品，建立各种市场紧俏产品的生产基地和相应的运销加工系统，三个效益均好，走上了良性循环的发展道路。因而这个高潮的来势不断加强，对贫困地区和贫困县形成紧逼之势。如果贫困地区和贫困县还是在生态环境继续恶化的形势下，就贫困解决贫困，艰难地前进，与其他山区县的差距将愈来愈大，这是值得认真思考的。这个紧逼形势应该推动我们走上一条新的脱贫道路并奋起直追。

还有一种实际存在的紧逼形势，这就是贫困县的群众和基层干部已积极行动起来，创造了成果并得到社会的高评，将迫使各级领导行动起来。比如河北省临城县虎道村农村妇女王秋鱼领导60多名“娘子军”，10年绿化荒山5700亩，为山区人民闯出一条致富路。1996年5月，被美国妇女资源基金会授予“亚洲地区农村有贡献妇女”称号（新华社电讯、《北京晚报》，1996年5月13日）。这个村位于太行山深山区，300户人家，人均8分地，有9600亩山场，户均32亩，一直与贫困为伴。1987年，王主动向村领导立下“军令状”，要向荒山挑战，在村领导支持下，组织“娘子军”奋战十年，取得上述成绩。按此速度，2000年即可以绿化山场90%，只要用材林经济林配搭合理，户均32亩山，如何不富？！她又是在做绿化太行的伟大事业。王秋鱼的行动实际上是向各级干部挑战，面对荒山应采取什么态度？

又比如四川省彭水苗族土家族自治县（现在划归重庆市了）龙塘乡黄荆村支部书记钱书远，主动将自己营造的价值5000万元的8000亩经济山林，无偿交给村集体（新华社电讯、《北京晚报》，1996年9月29日）。钱今年50岁，改革开放后，他靠种烤烟和养牛致富，1984年手中有4万元存款。他看到村子周围的大山荒秃着，已承包到户的荒山也无人种，就向大队提出承包村上26户人家8000亩荒山的请求，并与各户签定利润三七分成的合同（户三钱七）。十年奋斗，营造起8000亩人工林，当地林业部门测算，目前总价值7780万元，他应得5000万元。1995年9月，他向县领导提出把这片林子无偿交给村，办成股份制林场，各户应得部分不变。此事在当地干部群众中引起强烈反映。其实，他交的不仅是一片林子，而是一份挑战书。这样的无名英雄各地都有，他们再不愿苦熬了，自动苦干并做出了成绩，逼着各级领导和干部认真行动起来或者自动下台。这个压力更大，因为它们是当地人人可见的活生生的事实。贫困地区和贫困县面临着这种内外夹击的新形势，是好事，会逼出新办法来的。

总之，我以为我国农村的反贫困理论与战略应与山区建设结合起来，要反对目中无山的思想和对山区的片面看法；更要认真总结先进典型的成功经验，因为实践是检验真理的唯一标准；我国的反贫困任务繁重又紧迫，只有符合实际情况的理论和战略，才能保证及时顺利完成。我坦率地提出以上看法与大家商讨，也诚恳地希望批评指正。

（《双文明建设研究资料》1997年第2期）

我国山地农业的改革与山区建设

我国北方的荒漠化与南方的石漠化面积还在扩大，有的地方速度还在加快。这是心腹之患，威胁民族的生存，我们的生存空间在缩小。

为什么两化会继续发展？有人说，由于人口增加了，为了解决口粮，不能不开荒扩种；还要解决烧的，在没有煤炭或虽有煤炭而人民买不起的地方，就只有多砍山林。如果这就是全部理由，由于我国人口还在增加，两化就得继续发展，我们就面临一个可怕的前景。农业生产难道就只有掠夺自然资源一种办法吗？真的没有把发展生产、建设环境、培植资源结合起来的农业生产方式吗？为了民族的生存与发展，必须弄清楚两化的深层次原因并找到合理的解决办法。本文想阐述自己的看法以引起讨论。

一、荒漠化和石漠化的根本原因是农业生产方式是掠夺性的，违反了自然规律，因而受到自然规律的报复和惩罚

这两类地区的生态十分脆弱，只有维持合理的农林牧用地比例，维持生态平衡，农业才能发展。一旦破坏这个比例，不适当地扩大农业用地，

挤掉林地和牧地，生态平衡遭到破坏，就必然引发生态灾难，水旱风沙冰雹等灾害不断发生，最终形成沙漠化和石漠化，农业生产低而不稳，经济无法发展，人民陷于贫困，又进一步开荒扩种，从而进入“愈垦愈穷，愈穷愈垦”的恶性循环而无法摆脱。现在的情况就是如此，许多地方脱贫成为一项重大任务。环境如此恶劣，脱贫谈何容易，年景好时勉强脱贫，一遇较大灾害又返贫。这个情况是人们熟知的。

1997年春天和初冬，我在南方石漠化严重地区看到的情景，更深切地感到这个问题的严重。春天，到处看到油菜花开到山顶的景色；初冬，又看到整地整到山顶的景象，从上到下没有林草保护措施，梯田很少也不能搞梯田。还可清楚地看到处于不同石化侵袭的耕地，有的土层较厚可以对付几年；有的土层已很薄即将石漠化；有的已石漠化，只石头缝里还有点土，勉强耕种，所得无几。群众描述为“只见石头长，不见庄稼生”。说明这类地区石漠化正在加速扩展。人们为了生存还得继续开荒，有些土的山头都利用起来，直到无土可耕为止。这实际上是在制造石漠化。这种农业生产方式是典型的掠夺性经营方式，以牺牲环境和制造水土流失来换取点粮食。这正是两化不断发展的根本原因，由于它是群众性的，量大面广，破坏力也极大。这种生产方式显然是不可持续的，对我们民族来说更是灾难性的。对这个严酷事实，再不能视而不见，听之任之了。

二、出路在于建设农林复合型的农业生产体系，实行草本粮棉油生产与木本粮棉油生产并举，认真把发展生产、建设环境、培植资源结合起来

我国是个多山的国家，山区面积占国土的70%。山区平地少坡地多，农耕地不可能很多，这是它的缺点。但它是陆地生态的主体，林地面积大，林木资源丰富，除用材林以外，还有众多的木本粮棉油植物、药用植物、工业原料植物等多种经济植物以及野生动物资源可供利用，可以建成多种

商品生产基地，这正是山区的优势所在。山区的本质是富庶的，贫困是不合理经营造成的表面现象。比如上述开荒到顶的地方，如果在中间营造几条经济林地，周围用经济林或有经济价值的小灌木保护起来，就既能保护耕地，防止水土流失，又有经济收益，帮助农民逐步富裕起来。这种农林复合型的生产模式，正是山区比较合适的农业生产方式。这种生产方式符合山区特点，能充分利用山区的资源优势，又可在生产中保护环境和资源，一举多得。对农民来说，在同一块土地上，经营草本和木本，付出的劳力多不了多少，但收入却能大增，又能延长土地使用时间，搞好了可以长期使用，也十分有利。

这样一种农业生产方式，道理并不深奥，实行起来也不难，而效果则比较好，为什么长期不被人们重视，而破坏性很大的农业生产方式却占据了统治地位呢？这正是我们要认真研究和解决的问题。看来可能有这样几个原因：第一，对于食物的偏颇认识束缚了我们的思想。长期以来，我们把食物与五谷杂粮等同起来，人均粮食必须达到多少斤也是指的五谷杂粮，对于山区也用这个标准。山区人民为了粮食自给，由于平地太少，就只能开垦坡地，说是25° 以上的山地不能开，实际上许多山区做不到，于是陡坡开荒就成了普遍存在的现象。为了实现山区粮食自给，各级领导也只能承认现实，退耕还林还牧年年喊，也只喊喊而已。粮食未过关，其他顾不上。

第二，管理体制分割又是一个原因。种五谷杂粮是农业部门的事，经营木本粮油是林业部门的事，无法结合起来。比如，我国南方山区有6000多万亩油采林，是一笔大财富，经营好了，亩产可达50~60斤，实际上只5~6斤，处于半野生状态，上面无人管无人投入。它是木本又在山上，农业部门不管；它是油料，林业部门长期只管木材生产，也不管它，解决食用油不是林业部门的任务。至于木本粮食（也叫干果）更是如此。一座大山是一个完整的生态系统，就农业生产来说，它应是一个立体的、多层次的、复合的生产体系，统一规划，综合经营，才能取得最大效益。由于农业部门和林业部门分头经营，各自为政，许多怪现象就产生了。一山之上，用材林一家管，茶叶是另一家管，干鲜果也由两家分管，各取所需，互不协调，甚至互相矛盾，以分散对付一个整体，就无法合理。这种管理体制，违背了山区的特点，各部门也感到无能为力，根本谈不上合理和效益。特别是建设山区的问题无人管，大家只想从山上索取财富，如何能不长期破坏？！第三，短期行为也是一个原因。时至今日，要扭转这种恶化趋势，改变农业生产和经营方式，难度大，需要时间也相当长，属于前人栽树性质，对于本届政府的政绩作用不大，在考核指标改变以前，领导人是很不容易下决心的，一般只是采取一些小动作修修补补，勉强应付而已。第四，对农民来说，上面没有大动作，自己更难有所作为。个别有远见的可以进行试验并取得一定成就，但也只能树立一些好典型而已，很难扩大。这些因素加在一起，就形成合理的生产模式推行不开，而不合理的生产模式却长期占据主导地位的奇特现象。

三、现在是解决这个问题的大好时机，决不应放过

改革不合理的农业生产方式，推行合理的农林复合型的生产模式难吗？当然难，要花很大的力量，还要有相当大的投入，但也不是不可能，更不像人们想像的那样困难。原因是多方面的，特别是目前时机很好。首先是

掠夺性的农业生产方式已走到绝境，再也无法继续下去，山区人民为了生存和开发，正在探索新的代替办法，新办法不断涌现，人们的思想活跃起来了，这是一股巨大的推动力，穷则变，变则通。其次，各种新典型涌现出来，树立起新的生产模式，特别是80年代以来各地涌现的小流域综合开发和治理的成功经验，使人们大开眼界。许多荒山沟变成了生态经济沟，环境优美，经济效益高，成了牢固的商品基地，联成一大片的又出现了市场，成为商品杂散地。有的经过大水考验，更成为人们参观、学习的榜样。人们看到按小流域实行综合开发和治理，把全部土地合理利用起来，实行大农业开发战略，生产内容丰富多彩，财富大增，环境也优美起来。这就是把发展生产、建设环境、培植资源结合了起来，既进入了良性循环，又实现可持续发展。由于这是符合自然规律的做法，做起来很顺当，事半功倍，群众欢迎，积极性愈来愈高。其三，一批县在全县范围内，按照生态经济思想组织农业生产，有计划地建设生态农业县，并取得了显著成果，成为全省甚至更大范围的学习榜样。他们是自发搞起来的，当然他们自己是完全自觉的，按照新的经济建设思想，认真制定发展规划并组织实验，几届政府一本经，并成为广大群众的自觉行为。这样做一下子解决了长期困扰我们的四大矛盾：掠夺性经营思想、小农业思想、条条各自为政和短期行为。这个经验十分可贵。其四，国务院有关部委正在分头组织两项重大建设活动，并准备加大力度和扩大试验、示范范围，这是改革山地农业经营方式的巨大推动力。一是生态农业县建设活动，一是山区综合开发示范县建设活动，都以县为对象，又都是政府行动。指导思想是一样的即生态经济思想，这是一种新的经济建设思想，把生态学与经济学结合起来，把前者作为后者的基础，与长期困扰我们的掠夺性经营思想、小农业思想决裂，力争实现经济建设的良性循环和可持续发展。两者同时进行，可以相互促进，取得更多的新经验，树立多种模式新典型，对于解放思想和建设山区都有好处。总之，现在的时机太好了，可谓万事俱备，就等我们下决心干了。

四、所有山区县都应按新的经济建设思想进行建设

现在，一部分山区县有脱贫任务，大部分山区县有发展县域经济和建设经济强县的任务。有脱贫任务的贫困县，一部分乡甚至大部分并不贫困也面临发展经济的问题。他们应该用什么样的指导思想来发展农业和整个县域经济呢？继续用掠夺性经营思想显然不行了，群众不会同意，他们会责问领导，别人已走上新的发展道路，我们为什么还是走老路继续受熬煎？！

我认为所有山区县都应按新的经济建设思想来发展山地农业和县域经济建设，这是广大山区群众的要求，也是国家建设的需要，更是建设山区实现山川秀美的需要。

要这样做，首先有一个总结近五十年来山区建设的经验教训，提高广大干部和群众的认识和进一步解放思想的问题。这可能是一场大讨论、大论战，但非做不可。只有对过去的经验教训认识清楚了，才能更有效地进行山区建设，把山区建设好。一定要组织好这场大讨论并取得积极成果。

其次要使每个县都具备条件行动起来。这方面的经验是丰富的也是成熟的，有这样几条：

第一，上级为每个县配备一个强有力的、有雄心壮志的领导班子，并保持相对的稳定，加大其权力，规定较具体的任务并严格实行有奖有罚。“给钱给物不如给一个好支部”，这已成为共识。我以为配备一个强的县级班子更重要，而且比给一个好支部容易些。这是选派现职干部问题，权在上级党委，总不能说办不到吧！

第二，每个县要制定一个科学的经济、社会、生态协调发展的综合发展规划。严格按规划组织实施，实行几届政府一本经，搞接力赛，直到完成任务。我们搞规划的经验是丰富的，人才也不少，完全可以做到。按规划组织生产是一条重要的成功经验，是靠科学还是靠拉脑袋的分水岭。

第三，把县级各个部门的人财物力协调和组织起来实施规划，分工负责，

各记其功，有奖有罚。上级各部门应支持这种做法不加干涉。这样做可收事半功倍之效，少花钱多办事。条条各自为政的问题，在县一级解决比较容易，作用也大。

第四，每个县应主动与一定的科研部门或大专院校挂钩，取得科技方面的支持。实行有偿服务。

第五，充分发动群众，得到群众支持。群众是迫切希望早日富起来的，愿意苦干不愿苦熬，应充分信任并依靠他们。

这几条各县应不难做到，因此都可以按新思路进行建设。由于起步条件不同，投入有多有少，建设速度就不能一样，决不能强求。但也应看到人的主观能动性可以起很大作用，这就要看各县的领导艺术了。可能出现万马奔腾的新局面。

（《地区开发》1998年第1期）

加强对贫困山区的研究
——在贫困地区农村可持续发展讨论会上的发言

中国科协扶贫办和爱德基金会共同召开讨论会，专门研究贫困地区农村可持续发展战略与实践问题，是一件大好事，而且是一个可喜的变化，超越了一般扶贫做法，进而研究贫困农村的长期发展问题，抓到了问题的根本。我祝贺讨论会的召开并希望今后不断举行，在解决贫困地区的发展问题上发挥积极作用。这是一个重大问题，需要发挥多人的智慧和探索。感谢会议的邀请并利用这个机会讲几点想法供参考，也是参加讨论。

一、贫困地区问题基本上是山区问题，应着重研究山区

我国过去定的18片贫困地区都是山区。现在的592个国家级贫困县中有496个在山区，占83.8%。这批县又集中分布在两大片，一片是三北地区的农牧交错地带，即荒漠化严重的风沙区和黄土高原。一片是西南石灰岩地带，即石漠化严重发展地区。这两大片都是山区，又是我国自然环境最为恶劣的地区，并威胁着我们民族的生存。它们的贫困与自然环境恶化是分不开的，必须同时解决。这个双重任务正是脱贫致富的难点所在，也

是发展战略要着力解决的重点。因此，应该认真研究山区特别是这两大片山区的特点、自然规律、当前存在的主要矛盾和问题，找出长期陷入贫困的根本原因。这是探索和制定可持续发展战略的前提。

二、我国山区的现状及其原因

我国山区的现状是令人担心的，除了贫困县集中分布在山区的情况外，还有一些令人不安的情况，主要是：

（1）水土流失情况不断加剧。目前全国水土流失面积已达 179 万平方千米，比 50 年代初约多出近 30 万平方千米，如果把已治理的 70 万平方千米算进去实际扩大近 100 万平方千米。而荒漠化和石漠化的速度还在增加，严重威胁着民族的生存，我国水旱灾害不断加剧的根子正在这里。

（2）造林速度太慢。目前，世界各国的森林覆盖率平均为 25%，我国为 13.92%。作为一个多山的国家，这个覆盖率实在太少了。按照统计数字，我国森林覆盖率从新中国成立初期的 8.6% 到目前的 13.92%，大约 7 年多增加 1 个百分点。按此速度，达到目前世界平均水平要花 77 年，太慢了。这种状况极不适应我国经济建设的需要。

（3）江河湖库淤积严重。每年下泄 50 多亿吨泥沙，大部分淤积在江河湖库，小部分入海。有人形容我国水灾的新特点是“小流量、高水位、大灾害”，正说明江河湖库淤积的严重情况，蓄水和过水能力均大大减弱。其结果不仅是防洪任务增大，更严重的是可用的水资源不断减少，严重影响工农业用水和城市用水。下游水污染又加剧了这一形势。

（4）我国是草原大国，但草原的退化、沙化情况十分严重，许多草原又是山区。为什么形成这种多方面告急的局面？有客观原因，有偶然因素，但最重要的是主观指导方面的问题。中国科学院地学部专家们的论点是：“新中国成立 40 年来，我国经济高速增长是以高消耗资源和牺牲为代价的，如果仍用这种粗放型的经济增长方式，到 2000 年也许可以完成产值翻番的任务，但未来的发展中仍是难以为继的”。这种粗放型的经济增长方式是掠夺性经营思想和经营方式，它表现在工农业生产和经济建设的各个方面，只讲短期的经济效益，不考虑社会和生态环境效益。就山区来说，我以为新中国成立以来，它被砍了四刀（即水利、林业、农业和开矿），从而形成当前的严峻形势。大家都从山区拿东西，又目中无山，不考虑它的需要和建设。由谁负责研究和建设山区呢？似乎没有这样一个部门抓总。几个大科学院至今连一个综合研究山区的研究所也没有，也反映了对山区的忽视。

还应该看到，目前，许多困扰我们的问题根子都在山区。比如，水旱灾害加剧问题，根子在山区的林草植被遭到破坏。山区劳力外流，根子在于山区穷，生产门路少……这些问题不从根子上解决，就事论事是无法彻底解决的。另一方面，我国山区的土地资源和林草资源十分丰富，潜力十分巨大，是我国进一步发展经济的可靠基地。希望在山区的论点，不少人提出来了，赞成的人也多了起来，这是一种新的觉醒，非常可贵。多山的国家，只有把山区建设好，才能富强起来，我国更是如此。近年来，我国山区建设高潮在许多山区悄然兴起，是一件令人振奋的新鲜事。它是山区人民和基层干部自发搞起来的，并逐步向高层次发展。不少县取得可观成果，一些省也行动起来。山区人民觉醒了，不再等待上级指示而自己行动起来。

这说明我国山区困难与希望并存，困难是现象，是暂时的，希望是本质的，长期起作用的，因为山区的本质是富庶的，潜力大，资源丰富。山区人民迫切要求富起来，而且已找到了门路并积极行动起来，就看我们的领导艺术和组织才能如何了，“球”踢到了各级领导这一边。

三、推动山区前进的两个新事物

80 年代我国农村的新事物很多，与山区建设关系较大的有两个新事物，都是群众自发搞起来的，并且都显示出强大生命力：一是小流域综合开发和治理活动的兴起，一是生态农业县建设活动的兴起。

前者是山西农民的创造，开始叫小流域治理，是水保工作的系统化。在科技人员的帮助下，很快发展为小流域综合开发和治理，这是一个质的发展。范围也不断扩大，由几平方千米发展到十几、几十平方千米。开发是目的，治理为了开发，把许多荒坡荒沟变成了生态经济沟和花果山，新的商品生产基地。全部土地资源合理利用起来，把水蓄起来自用，水土流失问题解决了，又成为治水的有效形式。人民富了，环境好了，一举多得，成为建设山区的一种有效形式，群众积极性高涨。它很快在全国各地山区推开。它的特点是把发展生产、建设环境、培植资源结合了起来，实行大农业发展战略，与掠夺性经营思想、小农业思想决裂。连成一大片，成了商品集散地，并形成小集镇，有的又是新的景点。一个山区县只要把全部小流域开发和治理好了，不仅人民能富起来，环境也就美化了。群众终于找到了建设山区的有效途径并与自己的利益融为一体。山区建设高潮的悄然兴起，这是一个重要原因。

后者是全国性的，各类地区都有，山区占很大比重，许多又是贫困县。它们的实践证明，以县为单位进行生态农业建设，由于用生态经济理论做指导并把各部门的人财物力集中起来为一个总体规划服务，一下子解决了长期困扰我们的四大矛盾（掠夺性经营思想、小农业思想，条条各自为政和短期行为），从而在农业生产和农村建设方面引起了一系列变化，把农业生产、经济建设和其他各项工作协调起来，形成一种生气勃勃、人民意气风发、社会和谐的新局面，各方面工作均大步前进。不少县不仅脱贫致富而且成为全省学习的典型，有的县已明确提出要进一步建设生态经济强县的奋斗目标。生态农业县建设是发展我国农业的新途径，把发展生产、建设环境、培植资源结合起来，使农业进入良性循环轨道，实现可持续发展。因此，它是我国农业的最佳选择。生态农业在我国发展的过程和情况，这里不谈了（《生态农业研究》1997 年第 4 期，我的一篇小文有专门阐述）。要着重指出的是，江总书记 1997 年 8 月 5 日的批示又赋予它新的内容，把它与实现山川秀美联系起来。批示指出，通过植树造林，绿化荒漠和建设生态农业，最终实现山川秀美。前二者是使祖国大地披上绿装，后者则是保证农业实现良性循环和可持续发展，两方面互相配合，才能实现山川秀美，即大地园林化。

我以为要解决贫困山区的问题，应该认真研究这两个伟大创造，总结提高使之理论化，用以指导和推动贫困山区建设，这是一条捷径。忽视它们，苦思冥想新战略，当然可以，但不一定是好方法，效果如何也难说。

四、着眼于21世纪中叶

八七扶贫攻坚战略是我国对全世界的庄严承诺，当然要力争实现，限期消灭绝对贫困。已过去了 4 年，贫困人口下降到 5000 万，其中约 600 万属民政部门的救济对象。今后三年要解决 4400 万人口的温饱问题，年均约 1500 万，任务是很重的。但也有有利条件，各贫困县这几年都有所发展，经验也多了，要充分利用各种条件以加快速度。

我以为更为繁重的任务是以后的奔小康和实现富裕，消灭绝对贫困只是初战告捷，它没有涉及建设环境这个大课题。

十五大政治报告指出：建国100周年时，我国将基本实现现代化，建成富强民主文明的社会主义国家。那时我国广大山区应是一幅什么样的景观呢？

我想，那时的山区应该是富庶的、相当现代化的，与沿海地区的差距还存在但逐渐缩小。只有这样才能实现民族团结和共同繁荣，因为少数民族大都住在山区。只有广大山区富裕起来，全国才能实现富强、民主、文明。

其次，那时的山区应基本实现山川秀美，森林面积有较大的增加，水旱灾害大大减轻，全国的水荒大为缓解。山川秀美的具体指标以及如何实现等等问题，现在就应该认真研究并确定下来，让大家有一个明确的奋斗目标。

其三，在山区建成大批现代化的土特产品生产基地，保证城市供应和出口创汇的需要，又使山区人民富裕起来。还应建成大批森林公园满足城市居民旅游和休息的需要以及国外旅游者的需要，它又是山区人民的大产业。

总之，只有这样的新山区才能适应那时国家的需要。这正是山区人民和山区建设工作者面临的艰巨任务，也正是山区工作者应具有的战略发展思想和宽广胸怀。

很快就是新中国成立50周年了。这50年间我国的山区情况是令人不安的，这个教训应该认真汲取。目前状况与山川秀美之间，差距是巨大的，消灭这个差距绝非易事，不转变对山区的看法，没有大的动作，是完不成任务的。有几项大工程必须完成，比如，消灭荒山实现绿化，山区的森林覆盖率必须达到50%左右；小流域必须全部开发治理并建成各项商品生产基地；山区的农业必须彻底改造，实行草本粮棉油生产与木本粮棉油生产并举，建成农林复合型的农业生产体系；山区的交通和城镇，村庄建设实现现代化等等。所有这些又得依靠现代科技和新型人才。50年也是弹指一挥间，现在就得认真开始。

五、关键在于县一级普遍行动起来

从现有建设生态农业县的经验来看，改变一个县的贫困面貌和建设山川秀美的环境，又并不像想像的那样难、那样高不可攀。只要县委领导看准了，下定决心，采取符合自然规律的做法，动员群众并和群众一起苦干，10~15年时间即两至三届政府连续努力，就能取得较大成就，脱贫或实现小康，以后的文章就容易做了。各县条件不同，时间就有长有短，但都比原来想的容易一些。这是因为这样做符合自然规律，和过去与自然规律对着干大不相同，可收事半功倍之效。更重要的是这样做符合群众的愿望，他们的积极性愈来愈高，群众的力量是无法估量的，许多奇迹是他们创造出来的。

要建设山区改变山区面貌，就要使所有山区县都按照新的经济建设思想即生态经济理论积极行动起来。实行点面结合互相推动，只有点是解决不了问题的，而且决定性的是面上的活动。都行动起来的条件是：每个县有一个坚强的领导班子；制定一个科学的建设规划；组织全县力量按计划进行建设；依靠科技，主动与科研单位、院校挂钩；上级支持和适当加大投入。关键是第一条，而这是上级组织部门和人事部门的事而且又是调配现职干部的问题，应该是容易做到的。其他各条都有成功经验可用。

应该说，现在已万事俱备，可以行动起来了。

（《中国管理科学研究院农业经济技术研究所通讯》1998年第1期）

我国北方山区及黄土丘陵区再现山川秀美问题
——兼谈林业承担的任务及发展战略

到下世纪中叶，随着我国经济建设达到中等发达国家水平，同时要实现大部分地区山川秀美、江河清澈。这是一个十分重要的战略决策，经济建设与环境建设同步，是可持续发展战略的具体化。与建国后第一个50年相比，环境建设任务大大加强了。由于森林面积太少和自然环境严重恶化，我国北方山区和黄土丘陵区的建设任务尤为繁重。森林是陆地生态的主体，更是山区建设的重点。在山区建设中，林业承担什么任务和应采取什么发展战略，是当前林业战线应该着重研究和解决的大问题。为了深入探讨这个问题，应从更大范围进行思考。

一、从黄河断流引起的种种议论谈起

近年来，黄河断流的情况愈来愈严重，国内外重视和研究这个问题的人多起来了，不同认识也提了出来，这是好现象，为解决问题提供了更多更好的思路，也使人们学会从多角度、多层次思考和探讨问题。

对于这个问题看得最为严重的，要算日本《选择》月刊7月号刊登的

一篇文章(注一)。它的论断是:黄河断流标志着“黄河文明已开始走向衰亡”。文章指出:“按照目前这种速度发展下去,黄河最早可在10年内变成一条奇怪的内陆河,既不流向大海,也不注入湖泊,这将不成其为河流,换言之,黄河将消失。”结论是:“从总体来看,黄河断流带来的是整个流域的衰亡。断流使得黄河流域的活力不断减弱,……黄河文明已开始走向衰亡。”文章提到,“古埃及文明、美索不达米亚文明、古印度文明、古叙利亚文明都是在大河流域孕育而成,但最终都因人口过多、无节制开发以及沙漠化而灭亡。虽然惟有黄河文明奇迹般地生存下来,但是现在或许已开始走向灭亡。”

一个外国研究人员这样尖锐地坦率地提出问题,以引起我们的高度重视和认真思考,是应该感谢的。有则改之,无则加勉嘛。

我以为更值得注意的,是关于断流原因的不同认识,这关系到下一步的解决决策。当前关于断流原因大概有三种不同看法。

一种是专家的意见。他们在集体实地考察后认为:“黄河断流的原因是自然与人类活动两大因素叠加的结果,水资源先天不足和近几年的干旱是背景,但用水量超过水资源的承载能力是根本的原因。按现状用水水平和黄河各段地区经济发展的趋势,今后无论是平水年还是偏旱年,断流将难以避免”(注二)。

一种是一位记者在专门考察和采访后提出的论断:“黄河断流,客观原因是中上游变为蒸发量大于降水量的干旱地区,大面积森林植被退化的自然力因素。但根本原因是用水量超过了水资源的承载能力”(注三)。文章还明确指出:大西北气温升高、气候日趋干燥、森林植被自然退化、土壤加速随风移动等等是难以抗拒的自然力。这似乎是说所谓客观原因就是自然现象是无法抗拒的。

一种是日本《选择》月刊上述文章的论点。文章明确指出:黄河断流,一是历代王朝对黄河流域无止境的开发引起的破坏,二是新中国成立以来“粮食第一”的口号引起的大量森林和草原变为耕地,这种趋势一直持续至今,结果是黄河流域的生态体系遭到了破坏,荒漠化现象越来越严重,流域的涵养水源能力下降，水的蒸发量不断增大。其次，建国以后还修建了许多巨型水库，蓄的水流到了农田，使下游的流量大大减少。“基于上述原因，黄河断流的扩大是必然的”（注四）。

应该承认，《选择》一文对原因的分析，倒使我们更加清醒一些并有利于今后的工作。如果环境恶化只是自然力因素的结果，人类活动起不了什么作用，那么再造一个山川秀美的大西北的提法就无法实现也就不可理解了，我国北方山区也只有走向衰亡一条路了。如果断流的根本原因只是用水太多，解决办法也就简单了即节约用水。水源不足就寄希望于流域外调水。广大山区如何办，广大山区人民出路何在，这些问题似乎都不在人们的视野之内。可怕的“目中无山现象”！

“自然与人类活动两类因素叠加”的提法不错，但不讲清人类活动因素的具体内容及所占份额，也会使人摸不着头脑而无从下手解决。

有一个非常明显的事实人们却很少研究很少提及，这就是我国北方地区一年只有一个雨季而且时间很短，雨量有多有少，年度间变化很大。如果不把雨季的降水尽可能蓄留在山区，北方广大山区人民如何生存和发展呢？雨水在短期流走了，打井和抗旱等等活动，又能起多大作用呢？长期以来我们对山区蓄水工作做得太少，而后者则做得太多。在山区县修建了不少水库，但主要为下游所用，林草蓄水的作用被忽视了，实际上大大削弱了，这是北方愈来愈干旱和环境愈来愈恶化的根本原因所在。人们的视野应该扩大一些，把全流域作为一个整体来研究，广大山区是财富之源又是水之源。如果不把雨季降水尽可能蓄在山区使之逐步下泄，上下游就将长期处于困境之中，汛期千方百计恭送洪峰入海，平时又为缺水发愁。就断流研究断流，只研究水不研究山，是找不到解决问题的办法的。痛定思痛，山区问题、山区人民的生存和发展问题，应该大力研究和认真解决了。

二、山区人民的创造

让我们先来看看北方山区人民为了生存和发展，在生产实践中已创造出的成功典型。

山西省第一个无荒山乡的成就和启示。平顺县杏城乡被称为山西省第一个无荒山乡，它位于太行山最深处，海拔1600米的高寒山区，自然条件很差。1989~1997年的9年间，在由县委组织部的科长调到该乡任乡党委书记的路爱平同志带领下，除各项工作都很扎实和干得有声有色外，干部和群众每年上山造林150天以上，共搞容器育苗2750万袋，绿化荒山8.6万亩，80%是干旱阳坡。全乡每年造林以一万亩（人均一亩）的速度递增，成活率和保存率均100%。1994年林业部命名为“太行山绿化示范乡”，1996年成为山西省第一个无荒山乡，1997年省人民政府评为“明星乡镇”。路本人也荣获许多光荣称号:“全国绿化劳动模范”、“山西省林业功臣”、“长治市优秀共产党员”等等。来乡考察、参观的各级领导、专家和干部发出如下赞叹:“要绿化太行，就得有这种人，这种精神”，“真不简单，真不愧为太行山绿化示范乡”,“这是精品工程”,“这是太行山人民艰苦创业的精神”(注五)。

由于文章中缺少一些数据，有些问题还不能全面分析，比如投入总数及来源，消灭一亩荒山投入多少钱，林种分类情况，林地分管情况，群众收入变化情况等等。但已有成果和给予的启示已极可观。第一,一个高寒山区，人均近9亩荒山，9年时间就改造为幼林地而且生长良好，从此，人均有2750棵树年年生长财富和木材，环境也好了而且会越来越好，再加点小型蓄水工程，各项生产就能开展起来，人民收入会逐步增多，富起来不成问题。育林和治山要有一定投入,但主要是干部和群众长期治山造林的成果。治山和造林是山区人民人人都会做和能做的事情，为什么许多地方又长期做不到呢？这就是启示，需要我们深深思考的地方。治山和建设山区，山区人民愿意干，他们愿意苦干不愿苦熬，苦干有奔头，苦熬无尽头。这正是我们建设山区、实现祖国山川秀美的最大保证。我们要牢牢把握住这一优势和运用这股巨大力量。第三，杏城乡由乡党委书记带头，9年时间以人均每年一亩的速度消灭沉睡多年的大片荒山，是一个下放干部领着干起来的，似乎没有什么特殊条件。平顺县在县府领导的领导下，需要多少年消灭全县的荒山头呢？需要一些什么条件呢？这是每个山区县和山区省需要认真研究和回答的问题。为此，除了要算细账搞出一个详细规划外，还要解决干部的精神状态问题，更要解决管理体制、考核指标奖罚制度等许多具体问题。消灭荒山是山区改造的大问题，干部要长期带头苦干的苦差事，没有压力，只愿当太平官的人是不愿干的，几届政府接着干下去，难度更大。这正是许多好典型长期推不开的关键所在。第三，作为一个山区乡，消灭荒山只是开发工作的第一步，是一个好的开端，接着要解决农林牧各项事业的发展问题，农产品加工运销问题，文化卫生教育问题，新农村建设问题，最后实现农村现代化。一步接一步，决不能停下来。一句话，杏城乡这面旗帜应越举越高，不断创新，推动北方山区不断前进。

上面讲的只是一个典型，山区的好典型多得很，而且不论干旱山区、水土流失严重山区、风沙区、高寒山区，人们都已创造出战胜困难，取得生存和发展条件的成功典型，真是天涯处处有芳草，一方水土能养一方人。它们说明扭转自然环境的恶性循环，使之转入良性循环，是完全可以做到的，而且有规律可循。人类破坏了环境，人类也有能力重新建设环境，这正是国际上提出可持续发展战略的科学依据。黄土高原是我们破坏了的，80年代后期，几百位专家在综合考察后，认为它可以继秦汉和盛唐之后，实现第三次繁荣（注六）。因为我们不仅已认识了这里的变化规律，还创造出建设山区的成功模式，各方面的认识趋于一致，解决办法和措施都提出来了，只要认真实施，就能再现繁荣。现在已不是能不能的问题，而是干不干的问题。在重建黄土高原的问题上，我们绝不是无能为力的。对于北方山区也是一样。这绝不是空谈，而是建立在科学探索和群众实践基础上的科学论断。

三、两项成功经验

80 年代以来，我国人民在发展生产与建设环境结合进行方面，创造出两个成功典型和经验，树立起在发展生产过程中同时建设山川秀美环境的好榜样。一是山区小流域综合开发和治理经验，另一是生态农业特别是生态农业县建设经验。

小流域综合开发和治理模式，是山区人民、科技人员和基层领导长期共同探索和实践的产物，是富民和建设山区的有效形式。具体做法是，山区居民按小流域（大小不等）统一规划、统一开发和治理，全部土地资源合理利用，农林牧协调发展，生物措施与工程措施结合，力争水土不出流域或清水缓流不为害。把发展生产与建设环境、培植资源结合起来。在生产布局中，按市场情况建设商品生产基地。经营与分配形式多种多样，由居民共同商定。这样做，符合自然规律也适应农民经验，投入少，见效快，事半功倍，深受农民欢迎，故在许多山区迅速推开。许多昔日的荒山沟成了花果山、花果沟，人们称之谓生态经济沟，联成一大片的，就形成新的市场和新风景区。它与山区土特产品价格看好的因素综合，推动了山区人民积极开发山区特别是发展经济林，在许多山区形成了山区建设高潮，“潜力在山，希望在山”的思想成为共识。过去人们对着千山万壑又残破不堪的大山发愁，现在则视为财富而欢呼，这是一个极大的变化。在山区创造一个 ×× 县，×× 地区（市），×× 省的提法和活动不断涌现。总之，这条经验不仅十分重要，并已为广大山区人民和基层领导接受，形成了推动山区建设的巨大力量。对于多山的我国来说，这条成功经验实在太需要了，其作用是不可估量的，已可看到山区建设的壮丽前景。

生态农业特别是生态农业县建设，是 80 年代我国农民、科技人员和基层领导的重大创造和成功经验，是一条新的农业建设思路，与长期困扰我们的掠夺性经营思想和小农业思想决裂，在实践中把发展生产、建设环境、培植资源结合起来，实现了农业生产的良性循环和可持续发展。一批正在建设生态农业县的县（市），在全县范围内这样做了，把境内全部土地资源合理利用起来，生产领域大为扩张，真正形成大农业格局，生产门路大增，劳动力不够用了，外来打工的人不断增加，各项建设事业随之发展起来，加工业、商业、服务业大发展，文化、教育、科技、卫生等等随之发展，特别是社会风气大变，人民和睦相处，乐观向上，充分显示出生态农业县建设的威力。这批县（市）中，有的原来是贫困县，有的是走了弯路重新走上这条新路的，特别引起人们的重视。它们都是自发搞起来的，无偏饭可吃，经验朴实和过硬。有的已在全省范围内推广，有的已成为远近参观的重点。这类县有一部分在山区，小流域开发和治理活动已纳入全县综合发展规划中，没有什么矛盾，因为都是以生态经济理论作为指导思想的。关于生态农业和生态农业县建设的发展过程和丰富内容，报刊上论述文章很多，这里不谈。值得注意的是，有些县已明确提出向生态经济县发展，即实行工农业协调发展和城市乡村一体化，努力发展县域经济，建设生态经济强县。这是下一步的发展方向。

这两条成功经验不仅给予我们巨大启示，还给了我们勇气和信心，发展生产和建设环境完全可以也必须统一起来，同步实现。

更令人高兴的是，原来的十八片贫困山区，极大部分都有了可喜的变化，有几片已走出困境，实现整体脱贫，有的已进入小康佳境，如山东的沂蒙山区、福建的龙岩市（原龙岩地区）和辽宁的朝阳市等等，以县计算，先进典型更多,这给予我们以新的思路和勇气。现以朝阳市为例来作点说明，它位于北方山区，其经验对我们更直接一些。该市属于18片贫困山区中最北的一片（努鲁儿虎山），长期贫困的最根本原因是生态环境恶化、自然灾害频繁，生产条件差、抗灾能力低。因此，近十年来把“两建”（山区建设和农田基本建设）作为战略措施来抓。共投入劳力3.2亿个，建成水浇田130万亩，水平梯田182万亩和相应的水利配套措施。除大量造林种草外，还种植果树8000万棵，山杏、大枣、扁杏共500万亩，小流域治理很突出，被专家称为最佳模式。森林覆盖率已达32.5%,年均降雨量增加了70多毫米，地下水位上升1~3米，空气湿度增加2%。生态系统进入良性循环，为今后的发展创造了条件。这个经验是值得深深思考的（注七），对于我们推行两项成功经验，具有强大推动力。沂蒙山区和龙岩市也各有突出经验，这里不谈了。

四、林业战线在山区建设中的作用

目前,我国以县(市)为单位进行综合发展和环境建设的试验、探索活动，共有三种做法：一是农业部牵头的国务院7个部委局联合创办的生态农业县建设活动，直接抓51个县，各省（市、区）还各抓一批县试验；一是原林业部牵头的国务院十几个单位联合创办的山区综合开发示范县建设活动，直接抓111个县（市）；一是国家环保局抓的生态示范区，共100个。名称不同，重点也有区别，但总的指导思想则是一样的，即探索和实践把发展生产、建设环境、培植资源结合起来同步进行，摆脱老框框，实现生产的良性循环，达到可持续发展。江总书记提出建设山川秀美祖国的任务以后，对三种探索活动的要求更高，探索和实践的任务也更重，即把发展生产和建设秀美山川同步实现。

我以为这三种试验和探索活动都应继续进行，保持不同重点和不同做法，积极探索生产、环境和资源三者结合的多种途径和多种经验，便于比较，更便于互相促进和启迪，实现百花齐放，人们的思想也将更为解放。我国地域辽阔，情况千差万别，决不能拘泥于一个模式，应该是万紫千红总是春。

这种以县为单位进行综合发展和环境建设的实验、探索活动，代表了一种新的觉醒和领导方法、工作方法的革命，与条条各自为政的做法决裂，讲综合、讲协调，影响将是深远的。林业战线牵头抓山区综合开发示范县活动，对山区建设是一个大的推动，也将使林业建设本身呈现出新的特色，当然是令人高兴的。

山区综合开发示范县建设就是把上述两项成功经验结合起来，以县为单位大规模建设山区。建设山区，林业是主体但又不限于林业，是把山区作为一个社会来建设，工农业协调发展，各项建设有计划进行，目标是建成山川秀美的现代化山区。对林业战线来说，任务加重了，思路必须扩大，才能适应新形势、新要求。

林业专家已明确提出“中国林业发展理论滞后”问题，他们指出“一个半世纪以前，由欧洲人根据他们的经济和社会状况提出的森林经营理论，作为金科玉论，熏陶了中国一代又一代林业工作者。然而，当代林业发展的经济、社会背景发生了深刻的变化，林业发展的方向、目标、体制和机制等都应相应调整。我们必须尽快改变我国林业理论滞后的局面，扬弃旧有的理论，构筑现代林业发展理论体系”（注八）。专家们还提出了许多意见和要求解决的问题。我国林业建设要放到建设山区和实现山川秀美的大前提下考虑，为两大任务服务，这样，乔灌草结合，用材林、经济林、木本粮油林结合，农业复合型生产体系建设等等问题，就显得非常突出。林业理论体系建设也应考虑这些大前提。相信新的理论会很快产生出来并推动山区建设。

我国是个多山国家，山区幅员广大，本身就是一个复杂的大系统；目前存在的问题很多，欠账很多，又增加了复杂性；又要在一定时期内实现山川秀美，任务更重。所有这些，对于林业战线的压力当然很大。

但是，有利条件也很多，最主要的是：山区人民治山的积极性高涨，一个山区建设高潮正在各地山区兴起，群众已走在前头，形势喜人；山区人民已创造出各种成功典型，特别是县一级的典型，非常有说服力；中央加大了环境建设投入，山区当然是重头；理论滞后问题已提出来，会很快跟上来并推动山区建设。只要充分运用这些条件，组织好实施队伍，我国山区建设肯定将进入一个新时期，逐步实现山川秀美、江河清澈，新经验和新理论也将不断涌现出来。山区建设好了，我国的生产领域大大增加，财产和产品都将大大增加，同时长期困扰我们的水资源短缺问题以及水旱灾害加剧问题，就将逐步解决，这对于加速经济建设十分有利，全局就活了。

(注一)：《黄河断流危及中国的生存环境》（《参考消息》1998年7月17日，《参考资料》1998年7月17日）
(注二)：《用量超载迫使黄河断流》（《科技日报》1998年7月15日）
(注三)：《黄河断流忧思》（《人民日报》1998年7月21日）
(注四)：同注一
(注五)：《奋斗荒山不停步，再接再厉立新功》（《国土绿化》1998年第3期）
(注六)：《黄土高原终将走向第三次繁荣》（《科技日报》1991年3月2日）
(注七)：《脱贫与山区建设》（《国土绿化》1998年第1期）
(注八)：《中国林业发展理论滞后》（《科技日报》1998年6月9日）

（1998年7月28日）

治山即治国
——听石山侃“山”

他心里装着一个沉甸甸的“山”字。

“中国的潜力在山区，中国的出路在山区。”

“山区在可持续发展战略中的地位太重要了。”

中国生态经济学会副理事长、原国务院农村发展中心顾问、82岁的石山老人，在各种场合、会议上，必为“山”大声疾呼。

一、潜力在山，希望在山

我国山区占国土总面积的70%。山区居高临下，直接关系平原的安危。山区人口占全国总人口60%左右，山区群众的生活状况如何，直接关系到我国下世纪初小康目标的实现和下世纪中叶战略目标的完成。

有人认为，山区穷、开发难；国家财力有限，顾不上。石老闻声拍案而起：不是顾不上，而是索取太多，回报太少。过去在“一大二公”的极左思想指导下，把山区老林子砍光了，山区群众得到的报酬却很低，哪有多少积极性种树、护林？农业则多少年来搞“以粮为纲”，向山区要粮，毁林开荒，结果是“只见石头长，不见庄稼生”，青山变成了石头山，下游平原跟着遭殃。仅长江流域，水土流失面积就比1949年以前增加了一倍。南方石漠化、北方沙漠化(统称荒漠化)，并以每年2460平方千米的速度在增长，其面积超过我国耕地面积的总和。中华民族的生存空间在急剧缩小、恶化，根本原因是在山区实行掠夺性经营方式造成的恶果。

谈到吸收历史教训，转变观念，石老语重心长：我们长期把眼睛盯在草本食物上，总是在耕地里打转转，这是小农经济传统观念作祟。我国耕地约为20亿亩，林地却有40亿亩，草原40亿亩，合计为耕地的4倍。山区丰富的木本食物和油料资源，还远未被开发。如板栗，既是水土防护林，又是粮食，还是国内外市场都很紧俏的商品。据中国科学院南方考察队调查，我国南方适宜种板栗的荒山荒坡达4.5亿亩，每亩产量可达400～500斤，只要认真经营1亿亩，按亩产400斤计算，总产量可达400亿斤。按每斤1.5～2元计，年产值可达600亿～800亿元，还可出口创汇。板栗在北方燕山、太行山脉等地也都同样适宜，它无需开荒平整土地，也不用浇灌，投资比种粮省得多。还有中药材、蚕桑、杜仲、木耳、银杏、水果等资源，都有着巨大的优势。据调查，我国有待进一步开发的木本粮食作物(即干果)有400多种，油料作物近百种，芳香植物300种以上，潜力极大。南方有近10亿亩草山，可发展畜牧业，还有待开发的饲料林，被称作“空中牧场”。以蕴藏资源的丰富性而言，山区比平原更富庶，一座山就是一座待开发的宝库。问题在于人们能不能认识它的“真面目”！

二、变穷山恶水为绿水青山

谈到我国小流域综合开发和治理，石老兴奋不已：成功经验表明，只要思路对头，有决心，变穷山恶水为青山秀水完全可以做到。如黄河中游的山西吉县，80年代以来开展封山育林和植树造林，全县绿化面积达39%，水土流失量减半，年均降雨量比周围地区要多十几到40多毫米，全县人均一亩苹果目标已达到，一亩仁用杏目标即将达到，致富之路越走越宽。山西平陆县造林规模也很大，已达到了人均2亩经济林的目标。浙江临安县森林面积达71%，超过日本，也是人均2亩经济林，是全国百强县之一。在四川大足县，群众形象的说法是："山顶松柏戴帽，山间果竹缠腰，山下水稻鱼跃，田埂种桑放哨。"中科院华南植物所在广东电白县6000多亩水土流失极为严重、寸草不生的丘陵开展植被重建工程，据观测，大气相对湿度从83.2%增加到87.3%，土壤有机质含量从0.60%提高到2.68%，水土流失率几乎下降到零，水稻年亩产也从一二百斤稳定上升到1200多斤。环境效益、社会效益和经济效益十分可观。

开发农林复合型的山区生态经济是否需要国家拿出很大的投入？回答是否定的。实践证明，关键在于国家拿出好的政策和科技支持，引导和调动山区人民的积极性，自觉投劳投物建设山区。如山东沂蒙山区，在石山上用炸药炸坑栽树，开发经济林，一亩地投入成本几百元，效果好，群众热情高，自筹资金干。安徽大别山区的金寨县，营造了20多万亩桑园，1200多万株板栗，成为该县支柱产业，也是群众自筹资金，国家投树苗和技术。湖北京山县用不到10年的时间开发了100万亩山地林，实现了"再创第二个京山"的目标，投入达3.6亿元，其中群众自筹资金占84.3%，县财政投入、省里投入及吸引外地资金仅占16.4%。从山区生态经济建设经验看，人均1亩经济林可稳定脱贫，人均2～3亩经济林可以致富。而林—果—草—鱼生态经济模式，其投入产出之比，可高达一比几十乃至上百。在山区种植业和养殖业的基础上发展加工业，更有广阔的前景。相反，我们过去大量投资在中下游修水库解决蓄水防洪，却不能从根本上解决山区的水土流失和干旱，以及中下游泥沙淤积三大难题。应认真总结"目中无山"的教训，改变"治下不治上"的错误，多拿出点钱来支持山区资源的保护和合理开发，又有什么不应该呢？

山区生态经济建设还为剩除劳动力提供了广阔的就业场所和机会。如浙江临安县吸纳了外来劳动力8万余人；湖北京山县再创"第二个京山"，不但本县7万～8万劳动力转移山区就业，还吸纳了外来劳动力1.8万余人。据林业专家预测，如果把我国20亿亩闲置林地都充分利用起来，至少可以吸纳1亿劳动力。

三、科学规划，综合决策

石老强调，保护山区资源，合理开发山区，建立科学规划、决策机制尤为关键。山区是立体的多层次复合农业，气候多变，植被布局十分复杂。我国东部山区与西部山区，南方山区和北方山区差异极大。就一座大山而言，上、中、下层变化也很大。要区分不同的山区，开展气候、环境、地理、资源等方面的基础调查与科研工作，制定出适合本地区的规划和发展战略。有了科学的规划，还应由县、市人代会以法律形式予以通过、公布，赋与其权威性、稳定性和连续性，几届政府同念“一本经”，坚持干20年左右的时间，山区就可以重现山清水秀的局面，下游平原和城市也会大受益。现在是山区人民愿意苦干，不愿苦熬。一批有战略和经营眼光的政府领导、科技人员、企业家、有识之士也在转向开发、经营生态农林业。我们应大声疾呼为振兴中华重新认识山区，拿出胆识，重新回到山区去，把山区建设好。

21世纪的中国只能走可持续发展之路。可持续发展关键在山区，必须着眼山区。“群山青，全局活”。正是从这个意义上讲，治山即治国。这话是不过分的。

（《中国环境报》1998年4月30日第1版）

纵谈建设山区问题

一、山区是我国的生命线，关系国运兴衰

1. 我国是个多山的国家，山丘区占国土的 70%，人口约占 1/3。水资源、矿产资源、林草资源、土地的后备资源（大面积的荒山荒坡）均在山区。它又是平原的屏障。大约 3/4 的县位于山区和半山区。统计表明全国县(旗、区、市）数约 2463 个，山区 1542 个占 62.6%；半山区 306 个占 12.4%；平原 612 个占 24.90%。国家级的贫困县有 83.8% 在山区。

2. 从文化方面讲，山区是我国佛教文化和道教文化的中心所在。佛教圣地和道教圣地均在山区，儒家过去办的许多书院也在山区。它们现在都是旅游景点。隐士文化对中国影响很大，隐士是生活在山林之中的。山区的这些特点是非常值得重视的。

3. 从中国革命历史讲，是依托山区起家的。先是井冈山、大别山、武陵山、延安，抗战时期，太行山、吕梁山、沂蒙山……。农村包围城市，又占领城市，实在是依托山区。那时山区落后，敌人势力到不了，我们钻了空子。这个空子如果不改变，既对不起山区老乡，别人又可利用来对付我们。我

们必须把山区建设好。

4. 山区建设好了，人民富裕起来，与我们同心同德，我们就能立于不败之地，就有力量进入海洋，可攻可守。

山区建设好了，山清水秀，就能防御水旱灾害，保证丰收，又屏障平原和大江大河，就能国泰民安。

山区建设好了，大量荒山荒坡利用起来，就可以再开辟一个相当于现有耕地面积的新的丰富多彩的生产基地，财富多了，剩余劳力有了用武之地，就能民富国强。

总之，我国山区是一块极为重要又大有希望的地方，是一篇锦绣文章。

二、山区的优势和特点

我国山区幅员辽阔，从东到西，从南到北，情况十分复杂，但都有巨大潜力并都有规律可循。特别是南方山区是全世界的一块宝地，发展潜力更大。各地山区都涌现出一批先进典型，他们的成功实践给我们的启示一是：天涯处处有芳草。

要发挥山区的优势就得了解它的特点，根据特点进行科学治理和开发，决不能与自然规律对着干。

山区是一个整体，是一个完整的体系。有人称之谓“立体、层次、复合”的体系。一座高山从山顶到山脚四季分明，生产是分层的，各种生产复合在一起，是非常多种多样的。

山区的农业必须是农林复合型的大农业，即农林牧协调发展，草本与木本植物配合种植，草本粮棉油与木本粮棉油并举。许多山坡草本粮棉油无法种植，但木本的则正好种植，而且成本低，收入高，十分有利。要深刻理解山地农业与平原农业的差别，不要随便套用平原农业的办法。最近在昆明的一个研讨会上，向石元春院士请教了这个问题，他说两者的差别很大，又说我们过去只重视平原农业，忽视了对山地农业的研究，并用平原农业的办法来经营山地农业，后果十分严重。我们得出了相同的结论：对山地农业应该认真研究并建立一套完整的山地农业生产体系。

什么叫做用平原农业的办法经营山地农业呢？就是毁林开荒，扩大种植面积，又只种草本，从而造成严重的水土流失。我国的坡耕地约七亿亩，其中梯田仅占 1/4，坡耕地的水土流失量占全国水土流失总量的 60% 以上。我国严重的北方荒漠化与南方石漠化现象，与此有很大关系。这个现实必须正视。由于严重的水土流重失，一些山区的居民已失去生存条件，不得不迁出来异地安置。前些年，扶贫办的同志讲，在 8000 万贫困人口中，大约要迁出 500 万人。这说明我们在山区打了个大败仗，不得不实行大规模撤退。教训实在太深刻了。

大家不要小看水土流失问题，它关系到人类的命运和文明的延续，因为在物质资源中，最大的资源就是土地，看看一个社会如何利用它的土地，就能判断这个社会的现在和将来。1955 年美国两位有经验的生态学家写了《表土与文明》一书；一开头就写了这样一段精辟的论断：“有人曾对历史作了简要的概括：. 文明人走过地球表面，足迹所到之处留下一片荒地 .。这种说法可能有些夸张，但并非没有根据。文明人掠夺了他长期栖息的大部分土地。这就是为什么他的进步文明从一个地方转移到另一个地方的理由。这也是较古老的定居地区文明衰落的主要原因，这是确定各种历史趋势的主要因素。”“文明人是如何掠夺优厚的环境呢？他主要是通过耗尽或破坏自然资源来掠夺的。他从植满树木的山坡和山谷里，砍伐或者焚烧大部分有用的木材，在饲养牲畜的草地上过度放牧，使草地成为秃土。他捕杀大部分野生动物，大量鱼类和其他水生生物。他听任土壤侵蚀夺去他农场土地的肥沃表土；他让侵蚀的土壤堵塞溪流，并让淤泥充塞水库、灌渠及港口。在许多情况下，他使用并浪费大部分容易开采的金属或其他需要的矿物。于是他的文明在他自己创造的惊夺中衰落下去，或者迁移到新的土地上去。已经有十到三十种不同的文明沿着这条道路走向覆灭（具体数目决定于将文明分类的人）”（转摘《小的是美好的》）。

我们不是正在这样掠夺自然吗？应该彻底觉悟了。我国山地农业的现行经营方式应该彻底改造了，掠夺性经营方式和各干各的做法再也不能继续了。各县应认真总结正反两方面的典型和经验，提出改造办法，并做出样子，为创建农林复合型新模式立新功。

三、山区是一个社会，应按社会的特点和要求，进行全面建设

现在的山区与过去的山区完全不同了。

过去，山区人很少，一片森林世界。唐诗里描述的景象是："山寂寂兮无人，又苍苍兮多木"，"山上层层桃李花，云间火烟是人家，银镯金钏来负水，长刀短笠去烧畲。"森林的再生能力强，可以满足这些人的生活，也能承受刀耕火种。

现在，山区住满了人，是一个完整的社会。人民要富裕起来，要现代化，政府要发展经济，要办好各项事业，没有强大的经济活动，就维持不了这个社会。因此，必须按一个社会的运行规律来组织生产和进行各项建设活动，以保证这个社会的正常运行。进行生产和建设又必须按山区的特点进行，不能有主观随意性。山区的每个县当然都要发展县域经济和其他各项建设事业。但每个县情况不同，必须有一个适合当地特点的综合发展规划，按规划进行生产建设活动，决不能打乱仗。

实际情况如何呢？过去的不说了，为了国家的建设需要，砍了它四刀，把山区砍穷了，伤势很重。现在进行补偿，大力进行各项建设活动，用心是好的，但工作是如何进行的呢？效果如何呢？应认真检查了一下，防止好心办成坏事或得不到应有的效果。

刚从云南回来，一位州的农牧局长，向我谈了如下情况：现在投入多了，很好，但各干各的，下面穷于应付，效果很不理想，比如：生态环境建设，计委管，但它没有这方面的人才，抓不到点子上。农业综合开发，财政部管，它也没有这方面的人才，也抓不到点子上。这两个部门谁也不敢得罪，一切照办，不敢提意见。天保工程林业部门管，长防林建设林业部门管，长

治工程水利部门管，扶贫工程扶贫办管，农业生产农业部门管，但用的是平原农业的办法。农田基本建设几家都管，既重复又浪费。以工代赈几家都管，既重复又浪费。坡改梯几家都管，既重复又浪费。从上到下条条专政，谁管钱谁说了算，不听话就不给钱。

县级情况是：这个州10县，8个是财政赤字，发工资靠上级补助，建设问题更是靠上级投资，哪个部门能要到钱就了不起，就归谁家，不敢得罪。形象的说法是："县无建设规划，谁给钱就给谁干，谁抓得紧就给谁干。"更坦白的说法是："县长是擦屁股的，各业务部门能干的和有好处的事自己干了，难干的，交给县长干，代擦屁股。"于是需要干的无钱干，不急于干的，给了钱就得干，完全处于被动和无序状态。

从上面看，各部门都有计划，头头是道，从县看，毫无计划可言，处于打乱仗状态。总的说，是有计划的无计划状态。任何好的计划，最后，要靠县级组织落实，落实到山头地块，到山区的每一个小流域，在那里开花结果。因此，县级的组织实施工作如何，是决定性环节。它若处于无序状态，什么计划也就落空了。有人慨叹，"上级计划很好，可惜只在空中飞舞，无法落到实处。"新中国成立50年了，我国山区还是穷，生态环境还在恶化，钱未少投，力未少用，就是效率太低，浪费太大，不是人笨，而是办法欠妥，这种状况再也不能继续了。古人说，"欲知朝中事，去问山里人"，到山区县看看我们各项建设事业的实际动作情况，就知道问题所在和解决之道了。

四、在县一级综合并与发展县域经济结合起来

1. 解决当前条条各自为政各干各做法的最有效办法，就是由县级集中、配套、组装形成合力，并与发展县域经济结合起来，在县一级开展有计划的建设活动，这样做，好处很多。

第一，在县一级比较容易组装和集中，县委班子强一些就可以做到。

第二，组装配套后，就能落实到山头地块，并能很快见效果。

第三，可以动员群众参加建设活动，形成较大规模的建设山区、发展经济的群众活动。

第四，与发展县域经济结合，容易调动县级领导的积极性。

第五，这是富民富县和建设环境的最有效办法，国家没有多花钱，却办成了大事。“郡县治，天下安”，县级经济发展了，全局就活起来了。

2. 这样做难吗？县一级能完成这个任务吗？

这正是我国生态农业县建设的成功经验。约有200个县正在这样做，有些县已取得了很好的成效，有的在全省推广，有的成为全国参观的重点。可贵之处在于他们是自动干起来的，没有吃任何偏饭，经验非常过硬也非常成熟。在这样的现实面前，我们倒要反问一句：你还下不了决心吗，为什么呢？

3. 在山区普遍推行的条件是：

（1）为各县配备一个强有力的领导班子，加大其权力，让它有权协调各部门的人财物力，为县的建设规划服务。

（2）帮助县制定一个科学的综合发展规划。这方面的经验是成熟的，也有这方面的人才。

（3）认真组织实施，这是县级的任务。

（4）上级各业务部门支持他们这样做，并在人财物力上帮助，这是上级业务部门放权的问题。

（5）各县之间的协调工作，上级负责。

这些并不难，应该做到。

4. 现在，大家都认识到了县一级的重要作用，这是非常可贵的现象。

比如，农业部牵头的生态农业县建设；国家林业局牵头的山区综合开发示范县建设；国家环保局搞的生态示范区建设；国家计委抓的生态环境建设重点县（示范区）建设；水利部抓的小流域综合治理重点县建设；科技部抓的山区科技开发示范县建设。部是以县为单位进行的，名称不同，重点不同，但都以生态经济理论做指导，实现可持续发展。应该继续搞下去，但都应与县域经济建设规划结合起来，帮助县全面进行建设，把自己的工作融进去，这样，全国的建设计划就可以加快实施。当然还要分分工，抓的县不要重复。

五、现在是建设山区的大好时机

理由有四：

第一，我国第二个五十年的两大任务的完成，重点和难点均在山区，必须认真建设山区。

第二，开发西部，不解决山区问题很难实现，必须大力建设山区。

第三，大江大河的整治，源头都在山区，必须同时大力建设山区，不能只在下游被动应付。

第四，彻底解决我国的贫困问题，重点和难点都在山区，必须认真建设山区，不能就贫困治贫困。

我国山区本质是富裕的，贫穷落后是暂时现象。我国山区人民是勤劳而勇敢的，他们愿意苦干不愿意苦熬。云南山区人民喊出的“搬家不如搬石头”的豪情壮语，代表了山区人民的心声。他们是建设山区的强大主力军，是山区的希望所在。

现在进行建设山区的形势是，万事俱备，只欠东风。东风就是改变条条分头运行办法，把权力交给县一级，使他们负起责任来。由于县一级建设山区的经验是丰富而成熟的，而且具有积极性，这样做有百利而无一害。

最近看到九十高龄费孝通先生的一句话：“秉笔直书终不悔”。这是我国知识分子的优良传统，令人肃然起敬。我不敢挤入知识分子之林，但作为一个老党员，实事求是讲真话的风格必须坚持，否则就成了昏聩之徒了。记得胡耀邦曾把干部分为三类：有为之士，平庸之辈，昏聩之徒，并希望干部争当有为之士，这是国家兴旺发达之所系。建设山区，要的是有为之士。我是把到会的山区县领导和其他人作为有为之士看待的，今天讲的是心里话，希望引起思考。

（“山区综合开发高级培训研讨班”上的讲话，1999年12月）

遵循山区发展规律　组织综合开发

——关于山区建设的再思考

一、重新认识山区

这似乎是个荒谬的提法，我国多山，有数亿人口居住在山区，新中国成立后，我们在山区进行了大量的工作，难道还不认识山区？但我是有感而发的，而且是认真的。党中央提出西部大开发战略以来，专家学者和各方面人士发表了大量文章和建议，但提到山区的很少。最近召开的两会，代表和委员就各方面问题发表了意见和建议，谈到山区的更少，这个现象引起我深深的思考：山区问题已不在人们的视野之内，难道我国山区已没有问题了，还是人们把它忘记了呢？为什么会忘记呢？百思不解。

我国山区问题很多很严重，这是谁都知道的。西部地区山区比重大，问题严重，可以说必须在山区进行开发和建设，从而解决山区存在的问题。为什么在探讨重大决策时却不提山区呢？有人说，山区问题包括在三农（农业、农村、农民）问题之内，谈三农问题就是谈山区问题。但山区和平原大不一样，有它的特殊运行规律，过去用经营平原的办法经营山区，使山区吃了大亏，损失极大。如果还以为一样，正是不认识山区的具体表现，而且太可怕了。过去的失误还要重犯吗？山区再也经不起瞎折腾了。

古人说："欲知朝中事，去问山里人"。这是历史经验的总结，非常值得重视。山区是神经末梢，政府的决策正确与否和工作力度，在这里看得最清楚，最能表现出来。"苛政猛于虎"，一方面说明人民怕苛政，另一方面又说明当时政府权力还到不了山区。"任是深山最深处，也应无计避征摇"，则说明中央政令已到达深山区，但租税太重，山民发出慨叹。总之，山区是检验我们政策和工作力度的最有力的场所。

日本人有一个论点："能治山者才能治国"，这是他们的经验总结，说明山区问题的复杂性和重要性。山区治理好了，基础巩固，国家也就强盛起来，多山的国家更是如此。反之，山区贫穷落后，人民生活很苦，甚至无法解决温饱，往往成为国家大患。

"山中何所有？"这是我国南北朝时期南朝一位国君向隐士发出的诏问。这位当时被称为"山中宰相"的隐士陶弘景答道："山中何所有？岭上多白云，只可自怡悦，不堪持赠君"。写的是山中景色，非常恬静，与"黄尘滚滚"的都市景色形成鲜明对照，有其深意，但说的是山中表面现象。前些年我在探索山区问题时，曾改写为："山中何所有？遍地生金银，取之以其道，富国更富民"，指的是山区的本质。我以为我国山区的本质是富庶的、美丽的，贫困、落后、环境恶劣是暂时的、被扭曲的现象，主要是工作失误造成的。

我感到有重新认识山区的必要，一方面是进一步认识山区的特点、运行规律和巨大潜力，另一方面是弄清50年来山区工作的得失，使我们和后之来者更聪明一些，有效地进行山区综合开发，使山区人民富起来，实现山区现代化，让山区重放光芒。山区建设好了，我们国家就有了巨大的、牢固的生产基地和生活基地，国家就能立于不败之地。

二、山区是一个复杂的大系统

山区是一个特殊的区域，是一个复杂的大系统，有它独特的运行规律，不以人的意志为转移。而且不同山区的差异性很大，又各有特点。总的说与平原大不相同，是一个立体的、多层次的、复合的大生态系统。资源十分丰富，但除矿产储量外，各种可再生资源的生长量，在一定条件下又是有限度的，取之必须有方并有一定限度，还要各方面协调，长期多取或取之不协调，都容易出问题。如何取是一门大学问、一篇大文章，不允许有随意性。我们过去是如何对待这个大系统的呢？首先，缺乏对它的综合研究和认识。到现在为止，我国中央一级还没有一个综合研究山区的研究所，从整体上研究和认识山区，提出综合开发决策。专业研究所是很多的，它们只研究有关具体问题，没有研究整体和综合开发利用的任务。这也是我提出重新认识山区的原因之一。这个情况说明决策层认为山区用不着研究，只向它拿东西就是了。山区资源丰富，是取之不尽和用之不竭的。这正是山区发生问题的总根子所在。其次，随之而来的是各生产部门各自向山区索取，彼此间不协调，各干各的，形象的说法是：九龙治水，群龙无首，各自分头干。又都以索取为主，建设山区的事谁也不管。农业部门毁林开荒，以保证山区粮食自给；林业部门砍大木头，以保证国家建设需要；水利部门在山区大建水库，以保证城市用水和全国水利任务的完成，水保工作是次要的，投入很少；采矿部门大力开采，不仅矿渣到处堆积，连垦复工作也未完成；公路铁路建设部门，在山区建设交通时，造成许多严重的水土流失和滑坡、塌方。各部门都完成了各自的任务，都是胜利者。但山区却被破坏了，资源减少、水土流失、荒漠化、石漠化、山体滑坡等问题日益严重起来，许多山区连吃水也成了问题，一些山区人民需要迁出异地安置。山区与贫困结合起来了。这正是不认识、不尊重山区发展规律，以分散对付一个大系统而且只讲索取不实行补偿和建设的结果，一句话，违背山区运行规律的结果。现在，我们必须加倍补偿和认真建设山区，否则，问题会越来越严重，势将有更多的山民需要迁出来异地安置，甚至无法在山区立足。其三，“九龙治水”式的分散做法，现在还在继续。

总之，50 年来山区工作的成绩是很大的，但不能陶醉在成绩之中，应该看到，如果工作科学一些，成绩会更大。另一方面，50年来山区工作中的教训也是十分沉重的，更应该认真总结和记取。只有深入总结，才能改进工作方法，才能更好地前进。问题在于谁来总结和如何总结。十分清楚，必须从整体着眼，进行全面系统的总结。分散搞是总结不好的。为此，要有一个综合研究的班子，包括各方面的专家和有经验的实际工作者，开展民主的、广泛深入的讨论；还要听取山区人民和基层干部的意见，由他们来评价各方面的工作，才能真实、全面、可靠；也要听取部门的意见，但要防止片面性和部门利益的干扰。难度是很大的，涉及各方面的利益和一些工作的得失。因此，应该采取对事不对人，以吸取经验教训、改进今后工作为宗旨。

三、要解决在哪一级组装配套和实施问题

建设山区和发展山区生产，必须实行综合开发和治理，对此，人们已有了共识。但是各方面工作如何组装配套和实施呢？在哪一级进行呢？似乎还有不同认识，这个问题应该早日解决。分散开发和治理的做法，

再也不能继续下去了。

从现有成功经验看，在现行体制下，在县一级组装配套和实施最合适，效果最佳，也比较容易。这个经验是成功的，而且典型很多，很有说服力。这样做，又是改变现行分散做法的有效办法。

它们就是生态农业县建设经验和生态示范区建设经验，最长的已有16年的历史，经历了各种考验。山区综合开发示范县建设时间虽短，但有了一些成功典型。

这样做要有一定条件，主要是加强县级领导班子并保持相对稳定性；赋予它协调和组织各部门人财物力的权力；要制定一个县域经济和各项工作的综合发展规划，在一定时期内各届政府均按规划进行建设，即共念一本经，一张蓝图绘到底。这些都是上级领导部门应该完成的工作，而且不用增加投入就能办到。

这样做的作用则十分巨大，可以充分调动县级领导、干部和群众积极性，这是完成任务最可靠最有力的保证；可以同时实现富县、富民和生态环境建设；又为创造绿色生产基地打好基础；更重要的是为管理体制改革创造经验和树立范例。这样做，符合山区发展规律，事半功倍，一本万利。

目前已有三四百个县，二三十个地区和市在自觉地这样做。大力推行，没有什么危险。

阻力可能来自现行体制和一些业务部门，它们的部门权力和财力要下放给县，监督任务则加重了。这点阻力总应该早日排除吧？！

四、加强山区的综合研究工作

山区综合开发和山区建设是一项长期任务，又是一门大学问，十分复杂和繁重。现有成功经验是重要的，但仅是初步的，是远远不够的，必须有巨大的深入细致的研究工作作后盾和指导，以保证山区建设工作有序地进行。为此，要组建一支强大的研究队伍，成立一个山区综合研究所，从事我国山区的长期研究工作，把各类山区的特点和运行规律研究清楚，还要吸取国外的研究成果，以指导我国山区的开发和建设。这是带有基础性的研究任务，我们长期没有做这方面的工作，资料积累的太少，又增加了研究难度。这又说明成立研究所的必要性和紧迫性。国际上有强大的力量在研究山区，中心设在尼泊尔。我们当然可以利用其研究成果，但单利用别人的成果是远远不够的，我国山区的特殊问题必须由我们自己研究解决。我以为山区综合研究所应该早日建立起来。

总之，研究山区综合开发或山区建设，需要由泛论深入一步了，应该认真讨论一些实际存在的问题和解决办法，以推动这项工作的实施和不断前进。一步行动胜似一打纲领。为此，我提出上述问题供讨论和参考。

（《林业经济》2001年第5期）

国际山区年与我国山区开发和建设

2002年是联合国确定的国际山区年，联合国希望各国研究各自的山区状况和保护山区的生态环境，同时要求解决好山区贫困居民的生活和生产问题。山区遭到破坏和山区比较贫困，并有相当数量的贫困人口居住在那里，这是一个普遍性问题，解决好这两个问题具有深远意义。我国是一个多山国家，同样存在这两个问题，利用国际山区年，认真研究和着手解决这两个问题，同样具有重要意义。

一、四则报道引发的思考

我国山区特别是西部山区的现状如何，这是我们立论的基础和工作前提，是首先要弄清楚的。

二、国家环保总局发布的调查报告

报告指出：我国西部地区生态系统由于结构性破坏引起功能性紊乱的发

展态势。西部地区面临九大生态问题，即水土流失未得到根本性改变，土地沙化严重，局部地区土壤盐渍化在加重，石漠化问题突出，耕地面积持续扩大，森林面积增加、质量下降，草地持续减少和质量下降，水资源开发失控引起河流断流、湖泊绿洲萎缩、地下水位下降，矿产资源开发造成土地被破坏的面积不断增加。报告还指出：因生态环境破坏严重，自 20 世纪 90 年代初沙尘暴开始回升，西部地区 90 年代旱灾发生频率比 80 年代增长了 7.5%，洪涝灾害的发生频率增长了 49%。因生态环境破坏造成的直接经济损失相当于同期 GDP 的 13%，间接的和潜在的经济损失更多。

三、国家林业局发布第二次全国荒漠化和沙化土地监测结果

监测结果表明：我国土地荒漠化、沙化呈现局部好转、整体恶化之势。现有荒漠化土地 267.4 万平方千米，占国土面积的 27.9%。与 1994 年的检测结果比较，呈扩展趋势，年均增加 1.04 万平方千米。全国沙化土地面积为 174.31 万平方千米，占国土面积的 18.2%。与 1994 年相比，年均增加 3436 平方千米（附注：上次为 2460 平方千米 / 年）。造成我国土地荒漠化、沙化并加速扩展的原因，有气候因素，但更主要的是不合理的人为活动。

四、中国科学院有关部门公布通过卫星遥感对西部12省区土地承载力进行评估的结果

结果显示：西部地区有 1/5 的土地承载力处于超负荷状态，还有一部分土地处于满负荷状态。专家指出：这种严重超载已经造成了很多地区环境的恶化，如一些地方的荒漠化问题、水土流失问题和石漠化问题。评估指出，并不是西部所有地区都可以作为重点开发地区。这个情况是十分重要的。

五、中药发展遭遇生态红灯

报道指出，与20世纪50年代相比，我国甘草、麝香资源减少60%，大量珍稀野生动植物濒临灭绝。由此造成一些中成药停产，一些中成药不能正常生产，从而使有些疾病得不到有效治疗，它的影响是很大而且深远的。业内专家指出：传统中药的出路必须建立在保护野生药用动植物资源的基础上，确保野生资源不被毁灭。大力发展名贵药材的栽培、养殖，在资源的天然生长地，通过人工养育及科学管理，逐步形成半野生状态的资源群居，以满足生产需要。

上述四则报道从不同侧面阐明我国西部地区生态环境的严重恶化及其广泛影响，给予人们的启示极为深刻。由于西部地区（除极少几块小平原外）绝大部分是山区和大山区，所讲的生态环境问题实际上就是山区的生态环境问题。这些问题在中部的山区同样存在。这说明我国山区的生态环境问题已十分严峻，已到了非认真保护和非治理不可的程度。这又使人想起今年两会期间一批专家学者建议中国举行首届生态环境普查的事，他们预感到了问题的严重。另一方面，我国山区又居住着众多人口，他们要生存要发展，必须满足他们的基本要求。还有一大批县城位于山区，他们要发展县域经济，以完成各项建设任务和其他临时任务。如何既保护山区又建设山区，做到经济能持续发展，又实现山川秀美，实在是一篇难做的又必须做好的大文章，也是我们面临的大任务、大课题。

六、困扰山区建设的两大难题

我和几个同志上个月考察了贵州省铜仁地区的沿河县，该县的现状和发展设想引起我深深的思考。沿河县是一个革命老区，又是一个国家级的贫困县，还是一个典型的岩溶山区（岩溶面积占其总面积的72.5%），山区面积占96.9%，属于长江中游生态脆弱区。生态环境恶化而严峻：森林遭到破坏，新中国成立初的覆盖率约为50%，现在有林地面积仅占22%；水土流失面积占到总面积的66.6%；石漠化、荒漠化迅速扩大，2000年的面积比20世纪80年代中期增加4倍多，达到27.5万亩，耕地石漠化面积约占耕地的20%。经济不发达，2000年农民人均收入1163元，县财政收入3000多万元，而开支为1.5亿元，吃国家补助。

县委决定要建设畜牧强县，计划大力发展黄牛和山羊，但无种草计划，理论上有草场52.5万亩，实际上没有这么多。为了增加税收，强要农民种烟叶5万~6万亩，烤烟时又大砍树木，农民做饭也砍木柴。这对发展林业和绿化很不利。县里想发展经济林（这项工作刚刚开始，现有的很少且不成规模），但遇到了阻力，要他们退耕还林，以生态林和用材林为主。想退耕种草，也遇到阻力，还草不给钱。石漠化的耕地应及早种上经济林以保护现存的一点土壤，但无力做到，只能眼看成为石头山而弃耕，再另开新的耕地。此外，县寄望于发展旅游业和乌江梯级电站建设，以增加收入。更为严重的是，县级领导两三年一换，又异地做官，长期建设不能搞，只能搞点见效快的。目前的严峻形势，他们负不了责，以后如何改变，他们不考虑，后任不听他们的。他们只考虑任期内能干点什么。这个现实对于保护和建设山区非常不利，这是困扰山区建设的具有普遍性的一大难题。没有他们的积极参与，靠谁建设山区呢？考察后，引起我深深的思考，问题出在哪里呢？根本问题在于中央一级没有一个部门统一负责县域经济发展问题，县域经济发展由县一级自己解决，而且一届政府一个设想，各届之间互不相接，各干各，以显示各届的成就和政绩。加上实际存在的调动太快，“五日京兆”，于是打快拳盛行，谁也不考虑也无法考虑长期建设。当前大部分县的县域经济发展不快和县级财政紧缺与此有很大关系。2000年的以县为单位的农民收入情况和县财政收入状况充分说明这一点。2000年全国农民人均收入为2229元，以县为单位计算，人均收入在2000元以下的，占总县数的43.65%；在4000元以上的县仅占7.99%。这一年财政收入超过1亿元的县为601个，占当年县级单位总数的23.4%，其中超过2

亿元的为167个，占县级单位总数的6.5%（它们集中分布在沿海省份和大城市郊区）。即使说有76.6%的县其财政收入在1亿元以下，有的是吃饭财政，有的是讨饭财政，也实在没有力量搞建设，上级给钱让干什么就干什么。形象的说法是：谁给钱就给谁干，谁抓得紧就给谁干，完全被动应付。当然谈不上有计划建设和发展经济，说是打乱仗也不为过。

现在中央各部门的建设项目很多，如天保工程，退耕还林还草工程，植树造林工程，封山育林工程，小流域综合治理工程，长防工程，长治工程，农业综合开发工程，扶贫工程，富民兴边工程，生态庭院工程……它们对于山区建设都是有利的，投入也较多。惟一缺点是九龙治水，群龙无首，各干各，形不成合力，又都要县级负责完成，弄得县一级忙于应付甚至无法应付。投入则层层分流，到群众那里就很少甚至没有了，使一些工程成了豆腐渣工程。这些工程又不与发展县域经济结合，县级也无积极性，因而更影响工程的质量。这是山区建设工作面临的另一个大难题，不认真解决好这方面的问题，人财物力就无法充分发挥作用，实在可惜。

只有把发展县域经济与上面要求实施的各项工程结合起来，即把富县、富民与建设生态环境统一起来，纳入一个科学的建设规划之中，有计划地分年实施，几届政府接着干，县域经济才能发展，山区建设才能完成，生态环境才能改善。因为这是一项十分艰苦的任务，要付出巨大的劳动和辛勤，并经过较长的时间。根据现有的成功典型计算，生态环境较好的县，坚持苦干10年左右可以改变面貌，较困难的县要20年左右，条件很困难的，得30年左右。我国山区的许多县面临经济和生态环境双重困难，必须准备长期奋斗。我国从第一批生态农业示范县中评选出16个生态农业建设的先进县，其中10个是山区县，他们就是长期奋斗建设起来的，他们的经验是十分可贵的，值得认真研究和学习，有了榜样，干起来就比较容易一些。

这样做的条件是：第一，建设一个坚强的县级领导班子并保持相对稳定性；第二，加大县级权力，即有权把上级各项建设任务纳入县级建设计划，有权统一协调和使用各业务部门的人财物；第三，有一个科学的发展经济和生态环境建设计划，在计划期内，各届政府保证继续执行；第四，上级业务部门负责技术指导和监督计划执行。这样做，上下均主动。

“郡县治，天下安”，这是我国历史经验的总结，是完全正确的。县一级富起来了，山区也就建设好了，我们就全局皆活和主动了。

这样做难吗？只是各部门的权力缩小了些，下放给县一级，让县负起更多责任。而好处则大得很，主要是县一级和人民的积极性调动起来了，山区建设任务的完成就有了保证。

总之，两大难题其实并不难解决，而且基层领导和群众已创造出解决的办法，还树立了一大批成功典型。

七、山区开发和建设工作由谁抓总

由于我国山区的开发和建设不仅是一门大学问，更是一项复杂而繁重的任务，需要长期坚持下去，才能完成。因此，中央应有一个部门负责抓这项工作，而且要常抓不懈，直至完成山区建设任务：既实现了山川秀美，又完成了现代化建设。

哪个部门来抓总呢？从现实情况分析，我以为由林业部门来抓总比较合适。这是因为农林水三个部门在山区都有工作任务，但农水两家的重点不在山区，只有林业的重点在山区，山区是林业的主战场，积极调动山区人民的积极性，把山区建设好，林业才能发展起来。就林业抓林业，不考虑和满足山区人民的迫切需要，林业是搞不好的，这方面的教训太多了。古人说得好，众怒难犯、专欲难成。毛主席在抗日战争时期就说过，必须先解决救民私粮，才能解决救国公粮。

为了开发和建设山区，就要有计划地解决前面提到的困扰山区建设的两个难题，把上面的各项任务组装配套形成合力，同时帮助县一级发展经济，在发展县级经济过程中，探索和建立山区农林复合型的生产体系，使农林畜牧业协调发展，并与生态环境建设统一起来。这当然大大超越了林业工作的范围，但为了建设山区和调动农民和县级领导的积极性，就必须这样做。山区综合开发示范县的经验和其他示范县建设的经验都提出了类似的规律和做法。

建国50多年来，各地山区都积累起一些成功典型和经验，它们是干部和群众在困难条件下创造出来的，十分可贵，应该认真总结和推广，在推广中不断完善和提高。开发和建设山区，需要各方面的典型和经验，真正做到百花齐放，百家争鸣。我国山区情况千差万别，种类繁多，开发和建设模式也应该异彩纷呈，决不能用一种模式把人框死。

总之，为了开发和建设山区，林业部门应具有宽广胸怀，不仅要有大林业思想，还应有大农业思想，特别是生态经济思想，把各种生物资源充分利用起来。在山区建成各种生产基地，既富山区，又满足国内外市场的需要，并使山区成为人们休闲和旅游的乐土。国家和人民都需要这样的新山区，这个推动力是巨大的，要善于利用这个推动力。这样的新山区又将使林业大放异彩。两者互相促进，又将使我国山区的开发和建设事业展现出新的光芒和成就。

八、组建一个综合研究山区的机构

我以为现在就应筹建一个综合研究山区的机构，集中一批有条件的研究人员，给予较方便的条件，集中研究山区开发和建设中的深层次问题，弄清各类山区的发展规律，提出进一步发展的设想和方案，以推动各地山区建设事业的有序发展。这是防止新的失误的有效办法，对开发和建设山区十分必要。过去没有这样的研究机构，我们吃过大亏，现在再也经不起大折腾了，人民也不会允许再犯。目前我国山区生态环境方面的严峻形势也需要这样的研究机构，找出原因，用科学的办法来解决。

我知道有不少学者专家愿意从事这项研究工作，他们懂得这件事的伟大意义。这是令人高兴的事。有些企业家愿意到山区创业，有的已到山区创业，他们看到了山区的潜力和前景。一些干部和科技人员退休后也积极承包荒山创业，叫做从官场到山场，为人民创造财富再作贡献。他们提出了新口号："60岁是人生新的开始。"这是老龄化社会的新气象，中国文化的特色之一，老有所为。这些企业家、退休干部和科技人员，是一支建设山区的新军，将为我国山区建设提供新的经验。对此，要密切注意，真心关怀，及时总结他们的成就和经验。

开发和建设山区是伟大的事业，虽任务艰巨，困难重重，但它有着广阔的前景，需要大批创业人才去实现，从中也将锻炼出更多的创业人才。一个美好而富饶的新山区将在中华大地上诞生。新山区将成为我国新的经济增长点，又将是人们休闲、旅游、观光的乐园。

（《生态经济》2002年第6期）

后　记

这本书不是论文集，更不是学术专著，是一位终身从事农业工作、关注山区发展的老人——石山老先生，在耄耋之年，以长者的眼光，积大半生丰富的经验，自70岁起，从考察重庆涪陵地区开始，直到90岁的二十年间，踏遍全国许多山区，在不同场合为山区发展疾呼，文章形式各异，但中心思想始终如一。现在集结，仍为呐喊！

石老认为，我国农业呈山区、牧区和农区三足鼎立之势，农业要搞好，山区是关键，许多牧区也是山区，农区更离不开山区。

听石老为山区发出的疾呼呐喊，对于山区工作者一定会有作用，鼓励致力于山区发展的工作者们，不断思考，研究山区，理解山区，进而科学地利用山区。

有感于石老关心山区，情系山区，服务山区。中国科学院成都山地灾害与环境研究所邓伟所长资助出版了这本文集，以飨读者。为我国科学地发展山区尽力！